中野信子

空気を読む脳

講談社+α《プラスアルファ》新書

はじめに

日本人は、「恩」や「義理」を大切にし、何かを受け取ったならば相応のものを相手に返していこうとする——と、かつてアメリカの文化人類学者、ルース・ベネディクトはその著書『菊と刀』（講談社学術文庫）の中で論じました。

多くの方が、この本のタイトルを目にしたことくらいはあるでしょう。1946年に刊行された書籍です。戦時中に、ベネディクトは敵国であった日本と、日本の人々を対象として研究し、それをまとめあげて、終戦後に出版したのです。

この本を読んだことがなく、タイトルだけしか知らない、という方でもおそらく、欧米が罪の文化、日本が恥の文化、という二項対立がこの書籍の中で展開されていることはよくご存じでしょう。むしろ、「罪」と「恥」の対比のほうが、恩と義理の互酬性《ごしゅうせい》についてよりも有名なくらいかもしれません。

ベネディクトは、恥の概念もまた、恩と義理の文脈の中でとらえられると分析しています。恥を知る人間は、恩や義理を受けたことを生涯にわたって忘れず、どこかでそれに報いたいと行動するものである——だからこそ、恩や義理を受けたと感じた日本人は、なんとかしてそのお返しをしようと試みるのだ、というのです。恥知らず、と呼ばれることが、日本人にとっては最大の屈辱であり恐怖だからだ、というわけです。

この議論の中には、同調圧力に従いやすく、不安が高く、社会的排除を起こしやすい日本人の特質が端的に現れています。各性質については本文で詳しく見ていきます。

互酬性というのは、心理学では「返報性《へんぽうせい》の原理」がこれに相当すると考えられる概念です。何かをしてもらう、あるいは与えてもらったときにはそれに対して報いなければならないという心理状態が誘起される、という現象です。

ところでこの返報性の原理ですが、逆もまた然りです。受けた恩を返さなければならないと考えるのと同様に、受けた屈辱も返したいと人間は思うものです。日本にも、仇討ちに成功した者を英雄として尊んだり、逆に仇討ちをしない者を不忠者と呼んだりする風土がかつてありました。『仮名手本忠臣蔵《かなでほんちゅうしんぐら》』が200年以上も時代を超えて上演されてきたというのも、興味深い現象であると感じます。これについてはまた本文で、脳科学的な見立てを混じえながらひもといていきます。

返報性の原理は人類全体に普遍的に通じる法則であると考えられていますが、以前、文化人類学者のあいだでは互酬性は古代の社会、あるいは未開の社会に見られる性質だとみなされていたという経緯があります。『菊と刀』の日本語訳は、発刊当初はあまり日本では芳しい評判は得られなかったようですが、読者はひょっとしたら、そうした偏った目線を文中の随所に感じたのでしょうか。ただ、現在ではどちらかと言えば、文化の一方を未開などと評じる見方こそが、やや古臭い感を与えてしまうものではあると申し添えておきます。

本書では、日本の心性について、脳科学を中心とした科学的なエビデンスをもとに論じていきます。

日本は大変面白い、特色豊かな国であります。ただ、異なる文化のどちらが新しいか、進んでいるのか、あるいは優れているのか、そんなことを議論するのにはあまり意味がありません。少なくとも現実社会に生きているわれわれにとって重要なのは、違いを知ることによって自分の良きところを理解し、またそれを活かし、他者の良きところを学び、それを未来に資することではないでしょうか。

空気を読む脳◉目次

ブランドを身に着けると、なぜ「人生で得をしがち」なのか

日本人は富裕層になれても大富豪にはなれない？

不倫もバッシングも脳や遺伝子に操られているのか

第2章　容姿や性へのペナルティ　～呪いに縛られない生き方

＊人物の年齢・肩書などは本書の初版刊行時のものです。
＊本書はＷｅｂメディア「現代ビジネス」で、２０１８年４月から約半年間にわたって連載した「日本人の脳に迫る」に加筆修正したものです。

第1章　犯人は脳の中にいる　〜空気が人生に与える影響とは？

“カミカゼ遺伝子”は脳内に現代も息づいているか

「協調性」は教育の賜物でない!?

最初にこの話を持ってきてもよいものかどうか、正直、悩ましいと思いながら書いています。ただ、不安が高く、社会的排除を起こしやすく、おそらくは同調圧力を感じやすいと解釈可能な日本人の脳の持つ特質について、やはりこのお話をまずしておきたいと考えました。非常にインパクトのあるエピソードであるので、やや強い印象はあるかもしれませんが、ご寛恕《かんじょ》いただきつつ論を進めていきたいと思います。

「はじめに」でも触れたとおり、人間には、自分の利益を顧みずに他人のために自発的に行動する、ということを美徳とする価値観が存在します。何か恩を受けたらそれを返さなくてはならない。返報性は美しい心性だと思います。そこから発展して、返さなくてはならないという心の重荷を背負うのがつらいから、なるべく人に迷惑をかけたくない、という気持ちも出てきます。だから、多少無理はしてでも、自分ひとりが犠牲になってすむのならそうしたい、そんな考えも生まれてくるでしょう。

このような、身の回りの人との関係性を重要視する性格傾向のことを「協調性」といいます。心理学研究でよく使われている性格検査に、NEO－PI－R人格検査と呼ばれるものがありますが、いわゆる5因子人格検査の世界標準テストです。

5因子はビッグファイブとも呼ばれていて、この検査はゴールドバーグが提唱したパーソナリティの特性論をもとに開発されたものです。5因子論とは、人間の性格が「神経症傾向（N）」「外向性（E）」「経験への開放性（O）」「協調性（A）」「誠実性（C）」の5つの要素の組み合わせで構成されるとする理論です。

「神経症傾向」は、敵意・不安・緊張などの強さを、「外向性」は、活動性・積極性を、「経験への開放性」とは、知的好奇心の強さ・想像力・刺激希求性、「協調性」は、利他性や実直さ、「誠実性」は、自己統制力や達成への意志・慎重さ・責任感の強さを表します。さまざまな研究から、ビッグファイブというこの5つの特性は、文化差・民族差を超えた普遍性を持つものとされています。

ところで、協調性、というのは日本人の多くが持つと考えられますが、この性質は日本の教育によるものなのでしょうか？　それとも、日本人の脳が持つ独特の、生まれつきの要因があるのでしょうか？

こうした性質が最も強く表れた印象深い例が、特攻という歴史ではないでしょうか。特攻については、従来、戦前の教育や時代の空気によって、国民がそのように行動することを強いられた、反対することがゆるされなかった、とする考え方が一般的でした。

そして戦後は一転して「特攻を行わせた仕組み」「特攻を行わせた教育」が糾弾されていきました。教育勅語は廃止され、個性を伸ばす、人間主義、という言葉で、何かに殉じようという心や殉じたいという欲求は（おそらくは、戦勝国の意向を汲んだ人々により）抑えられてきました。

それでは戦後、そのような志向は人々から完全に消え去ったのでしょうか？　無論、消えてはいません。現代にもその生理的基盤は息づいています。正確な数はわからないですが、一見、明快で美しく見える理念やカリスマ的指導者の言説を信頼し、愚直に従って行動する若者たちは少ないとは言えないでしょう。

どちらかといえば新自由主義的な風潮が強い現代にあってさえ、モダリティを変えて、周りとうまく協調していきたい、誰かのためなら自己犠牲をいとわない、という傾向性が人々の中から消え去ってはいないことを考えると、これが完全なる後天的な教育の賜物であるとはちょっといいにくいのではないでしょうか。

犯人をあぶりだす実験

そうすると、そのベースとなる要素は、脳の中にあると考えざるを得ません。

犯人をあぶりだすための実験を、京都大学の高橋英彦准教授が行っています。これは「最後通牒ゲーム」を使った実験で、不公平な仕打ちに対する態度からその人の脳を分析しようというものです。

ゲームはふたりで行われ、一方が資金の配分権、もう一方が拒否権を持ちます。配分権を持った側は自由な割合で資金を配分でき、自分の取り分をどれだけ多くしてもいいのですが、もう一方に拒否権を発動されてしまうとどちらの取り分もゼロとなる、というルールです。

不公平な仕打ちと感じたら、プレイヤーは拒否権を発動することができますが、ゲームのルールに従えば、いかなる場合にも拒否権を発動しないほうが、プレイヤーが得られる利益は高くなります。ですが、拒否権は発動されてしまいます。これは、不公平な仕打ちに対して、自分が損をしてでも「復讐したい」という心理が働くからです。

驚くべきことに、実験結果によれば、このとき、拒否権を発動する率が高い人と、そうでない人では、遺伝的に決定されるレベルで脳が違うというのです。具体的には、中脳にあるセロトニントランスポーター（脳内で働くと安心感をもたらすセロトニンの量の調節を、再取り込みというかたちで担うたんぱく質）の密度が低いか高いかという違いです。密度が低い人ほど、不公平な仕打ちに対する拒否権の発動率が高かったのです。

しかも、これは前述の人格検査の結果とも関係していました。これまでは攻撃性の高い人が、拒否率が高いと思われていたのですが、そうではなく、むしろ逆に協調性の高い人で拒否率が高いことがわかったのです。

つまり、普段は誰かのために自己犠牲をいとわず真面目に働く、という人が、いったん不公平な仕打ちを受けると、一気に義憤に駆られて行動してしまうのです。自らの損失を顧みず、どんな手を使ってでも、相手に目にもの見せてくれようと燃え立ってしまうというわけです。

そして実は、日本人の脳にあるセロトニントランスポーターの量は、世界でもいちばん少ない部類に入ります（量を決める遺伝子にバリエーションがあり、量を少なく産生するSS型という遺伝子型を持つ人の割合が日本に多いため）。ようするに、世界でも、最も実直で真面目で自己犠牲をいとわない人々ではありますが、いったん怒らせると何をするかわからなくなるということです。

この性質が、第二次世界大戦で恐れられた「カミカゼ」を支えた心理の裏にはあったと考えられ、その遺伝子はまだ脈々と私たちの中に受け継がれていると言えます。たかだか3世代か4世代では遺伝子を保持する人の割合にそう劇的な変化は現れません。

神経伝達物質セロトニンの影響力

脳内のセロトニンについて本稿の初めのほうで少し詳しくお話ししましょう。セロトニンは、精神の安定や安心感の源になり、脳を活発に働かせる鍵ともなる脳内の化学物質です。これが適切に分泌されていると、ストレスに対する抵抗力が増します。

セロトニンは体の中で自然に合成される物質ですが、精神安定剤とよく似た構造をしています。男性は女性に比べて約52％脳内セロトニンを生成する能力が高く、セロトニンの分泌は女性ホルモンとも連動しているため、女性の場合生理周期の影響を受けます。

セロトニンが不足すると、慢性的にストレスを感じやすくなったり、疲労、イライラ感、向上心の低下、仕事への意欲低下、協調性の欠如、うつ症状、不眠といった症状が出現します。


日光を浴びると、私たちの脳内でセロトニンという神経伝達物質の合成が始まります。つまり、日照時間が短くなると、日光を浴びる時間が減り、セロトニンの分泌が低下することが考えられるのです。

うつ病の一型に「季節性情動障害（ＳＡＤ）」という疾患がありますが、これは別名「冬季うつ病」と呼ばれています。毎年冬になるとセロトニンが欠乏し、抑うつ症状が出現する疾患です。

日光を浴びるタイミングとしては、起床直後から30分までが重要で、その時間帯に15〜30分ほど日光を浴びることを意識すると良いでしょう。長時間日光浴をしても、セロトニンは無限に増えるわけではありません。

うつ病は脳のセロトニンが欠乏することが、その一因だと考えられています。モノアミン仮説、と呼ばれる仮説です。実際に、セロトニンを増やす作用を持つ薬が、うつ病に効果を示すことからこの考え方が支持されています。

パニック障害・社会不安障害などの不安障害圏の疾患や強迫性障害も同様に、セロトニンの異常が一因だと考えられています。統合失調症や双極性障害に用いられる抗精神病薬にもセロトニンへの作用がありますし、気分安定薬にもセロトニンへの作用が報告されています。

生存に有利な性格や個性とは？

セロトニンは集団形成に大きく関係する物質です。生命体は、その基本的な性格から、集団を形成したほうが個体として生き延びるにも、種としての存続を目指すうえでも有利です。集団をつくろうとする本能に関係する神経伝達物質はほかにもいくつか種類があるのですが、ここではセロトニンに着目して説明していきます。

セロトニンは、生物に利用されてきた歴史が長く、真核細胞の時代からすでに重要な機能を担っていることがわかっています。真核細胞である酵母やカビにも、セロトニン受容体が見つかるのです。これらは8億年以上も前から存在していることから、セロトニンが非常に長いあいだ、細胞内／生物の体内で重要な機能を担ってきた物質であるということがわかります。

セロトニンは、人体ではあらゆる脳神経に影響する物質です。さらに、セロトニン神経は脳全体を調整する役割を持つことから、オーケストラにおける指揮者のような役割にたとえられることもあります。

このセロトニン神経は、脳の中心部にある脳幹のさらに奥の縫線核《ほうせんかく》という場所にあります。縫線核は、「左右の脳が正中で縫い合わされたところにある神経核」ということでこのような名で呼ばれています。これが大脳新皮質をはじめ、情動の座である大脳辺縁系、生命維持のための脳領域である視床下部、脳幹、小脳、脊髄など、ほとんどすべての脳神経系に影響を及ぼし、意識レベルや、やる気の状態などをコントロールしているのです。

それでは、セロトニンが出ていれば出ているほど良いのか、というと、そうとも限りません。セロトニンをはじめとした、モノアミン類と総称される神経伝達物質の脳内での動態にかかわる遺伝子についての研究で、私たちの性格はより不安が強くなる方向に進化してきたことが示唆されたのです。

私たちの性格や個性は、神経伝達物質の動態によってかなりの部分が影響を受けています。東北大学のグループによるごく最近の研究結果は、人類の進化過程で、遺伝的な変化を伴ったセロトニンの動態の抑制が起こっている可能性を示すものでした。

この研究報告は、それまでの研究と考え合わせると、人類は進化の初期過程において、不安やうつ傾向が高まる方向に環境圧力を受けながら進化してきたのではないかという考え方を支持するものです。つまり、不安の度合いがある程度高いほうが、少なくとも人類進化の初期には、生存に有利であったということを意味していると考えられるのです。

バッタの大群はセロトニンが原因

自閉症ヒト型モデルマウスで脳内の異常を詳しく調べると、発達期において脳内のセロトニン濃度が減少していることがわかりました。

また、飼い鳥では社会的・感覚的な行動の自由が奪われる——つまり群れ構造が損われたり、飛行させてもらえない、食物探しの時間が与えられないなどの制限があると——毛引きになる恐れが生じます。これは、脳内の重大な部位でセロトニンの濃度が最適でないことによって起こる可能性が示唆されています。集団行動や感覚的な行動を阻害されると、セロトニン異常が起こる、ということではないかと考えられています。

ヒトでは、やはりセロトニン（とドーパミン）の代謝障害が、チック症状・自傷症と関連の深いトゥレット症候群にかかわっていることが知られています。


興味深いことにセロトニンは、生物の個体としての行動ばかりでなく、個体同士のかかわり、つまり集団としての振る舞いに大きく影響を及ぼすということもわかってきました。

２００９年、オックスフォード大とケンブリッジ大の研究チームが、サバクトビバッタ（蝗害《こうがい》を起こすことで知られる）が、一個体でいることを好む「孤独相」から、仲間でいることを好む「群生相」に相転換するのは、脳内の神経伝達物質セロトニンが原因であることを突き止めました。

サバクトビバッタは数十年に一度大量発生し、西アフリカからインドにわたる乾燥地帯の作物を食べ尽くしてしまいます。いわゆる蝗害です。

このサバクトビバッタは、一生のうちおよそ90％の時間を砂漠の中で孤独に散在してすごしますが、そのとき、彼らはほかの仲間を避け、互いにできるだけ接触しないようにしています。ただし、特定の刺激があるとそれがきっかけとなって群生行動のスイッチが入るのです。そのうちのひとつは、長期間ほかの仲間の姿を見て、そのにおいをかいだとき。そしてもうひとつは、後脚を継続的に刺激されたときです。

このバッタの後脚を絵筆で根気良くくすぐると、2時間後その個体は作物を食い尽くす巨大な群れを構成する一員となる準備が整ったと勘違いして、自分の体を変え始めます。後脚をくすぐって刺激するのは、通常は一匹で行動するバッタが、食糧不足のために集団にならざるを得ない過密な状態で体がぶつかり合うのと同じ状況を作り出すためです。

相転換が起きると、体色や体の様子まで変わります。孤独相ではきれいな緑色であったのが、群生相では翅《はね》が発達し、黄色と黒の強そうな姿になって、筋肉も増強し、長時間の飛行や仲間の活動的な捜索が可能となります。そして、数十億匹規模の大集団をつくって、餌を求めて約100キロメートルの距離を何時間も飛ぶことができる体になるのです。

研究チームによると、環境の変化に応じて個体を冷ややかな敵対関係にある孤独相から互いに引きつけ合う群生相に変えるのは、セロトニンが原因だということがわかりました。

集団志向の群生相状態に移行したとき、バッタの体内のセロトニンの量は、急激に増加していました。群生相のバッタのセロトニン水準は孤独相のバッタより3倍も高かったのです。

また、孤独相のバッタにセロトニンの生成を抑制する物質を注入しておくと、後脚を刺激したり、仲間と長時間一緒にいたりしても、その個体は落ち着いたままで、群生相には転換しませんでした。

一方、セロトニンの分泌を刺激する物質を注入されたバッタは、きっかけとなる刺激がなくても群生相へと変化を遂げたというのです。

セロトニンは人間の行動や他者とのかかわりに大きく影響を及ぼすということがよく知られている物質ですけれども、同じ物質が、内気で孤独を好む昆虫を大集団に団結させ、その振る舞いばかりか体にまで変化を及ぼしてしまうということを、研究チームは驚きのまなざしとともに報告しています。

人間にも、環境における個体群密度センサーがどこかに備わっていて、その機構がセロトニン濃度の調節を行い、私たちの行動を変えてしまう可能性が、もしかしたらあり得るのかもしれません。

日本人はなぜ「醜くても勝つ」より「美しく負ける」を好むのか

サッカーで日本人が称えた負け方

２０１８年、サッカーのW杯ロシア大会決勝トーナメントでベルギーに敗れ、史上初の8強進出をのがしてしまった日本。

結果をどう見るかは意見が分かれるところでしょうが、おおむね日本チームの健闘を称え、各選手がプレイ中に見せた輝きに焦点を当てた好意的な報道が多かったように思います。

また、日本チームが使用したロッカールームが選手たち自身の手で試合後きれいに清掃され、ロシア語で感謝のメッセージが残されていたこと、加えて、日本チームのサポーターがごみを残さず、きれいに会場をあとにするという、よく統制された行動をとったことなどにも注目が集まりました。

こうした側面に着目した記事が多くの人の心をとらえる、という現象は非常に興味深いものです。多くのメディアもこのような書き方を好む大衆の性質を知悉《ちしつ》していて、「美しい」

エピソードをこぞって探しているようにも見えました。

特にテレビ番組のワイドショーは比較的高めの年齢層が主たる視聴者でもあるためか、より一層そうした傾向が強かったように感じられました。

決勝トーナメントで日本チームの敗退が確定したとき、グループリーグの戦いを終えて戦略的な負けを選び、16強入りが決まったとき以上の賛辞が、ここぞとばかりに寄せられたことは、注目すべき点のひとつです。

美しいエピソードを報じるニュースが支持を得ていることを考え合わせると、勝敗そのものよりも美しく振る舞うことのほうがずっと大事だ、と多くの人が無意識のうちに感じていたことになります。

ワールドカップ関連のニュース記事やSNSにおける反応は、海外のものも含め、総じて「〝醜く〟勝ち上がるよりも〝美しく〟負けるほうに価値がある」というコンセンサスを、人々がごく自然に持ち合わせていることを示すものでした。

無論、こうした暗黙の了解に対して異を唱えるコメントもありましたし、私自身、戦略はどうあれ勝利は勝利であり、ルールに則った勝ち上がり方であるならば基準のよくわからない「美しさ」に反するからといって批判するには当たらない、という考えをテレビ番組などでは表明していたのですが、やはりメインストリームにはこのような〝美学〟がどこより厳然と存在することを改めて強く感じさせられる出来事でした。

「〝醜く〟勝ち上がるよりも〝美しく〟負けるほうに価値がある」というメッセージは、一見素晴らしいように見える一方、非常に危険なものです。

後に詳述しますが、顔の見えない人々の巨大な集合体からこうしたメッセージが暗黙裡に発せられ、それを変えることは難しい、という点がその危険性をより大きくしていると言えます。

人気のある歴史上の人物の共通項

なりふり構わず勝ちを確実にとりにいくことは、なぜ「醜い」と言われるのでしょうか？対照的に、勝ち負け以外の何かを大切にしようとする行為は、なぜ「美しい」と称えられるのでしょうか？

もう少し例を挙げてみましょう。歴史上の人物で人気があり、くり返しくり返し物語として語り継がれていくのは、多くは悲劇的に人生を終えた人たちです。

典型的な例としては、戦国時代ならば大坂夏の陣で敗れた真田幸村（信繁）、幕末なら会津の白虎隊、江戸時代ならば主君の仇討ちを果たして切腹となった赤穂浪士たち、時代をさかのぼればそれこそ「判官贔屓《ほうがんびいき》」の語源ともなった源義経が想起されるでしょう。

歴史好きでよく勉強している人であれば、このカウンターパートに当たる人物にもそれぞれに人生のドラマがあり、そちらのほうに意外性があってむしろ惹かれるという場合も少なくないでしょうが、ごく一般的な傾向としてはやはりわかりやすい悲劇性を持った人物が人気を集めるようです。

これは、人間のそういった部分に美しさを感じ、肩入れしてしまうという傾向を、私たち人間自身が備えていることの証左と言えるでしょう。

本邦に限らなければ、たとえば三国志の、やはり志半ばで病に斃《たお》れた諸葛孔明《しょかつこうめい》の人気が日本では高く、圧倒的な強者である曹操《そうそう》が好きだという人はなぜか少数派です。中華文化圏では関羽《かんう》が絶大な人気を集め、世界中、中国人によって関帝廟《かんていびょう》というかたちで祀《まつ》られたりもしています。やはり非凡な力を持ちながら見果てぬ夢に散る、という姿が多くの人の心をとらえるのかもしれません。

善悪と美しさが脳で混同される

では、「美しい、美しくない」は脳のどこが判定しているのでしょうか？

美を感じる脳の領域は前頭前野《ぜんとうぜんや》の一部、眼窩《がんか》前頭皮質と内側《ないそく》前頭前皮質だと考えられています。眼窩前頭皮質は前頭前野の底面にあり、眼窩のすぐ上に当たる部分なのでこのように名づけられています。

この部分は一般に「社会脳」と呼ばれる一群の領域のひとつで、他者への配慮や、共感性、利他行動をコントロールしているということがこれまでの研究から示されています。

内側前頭前皮質はこの近傍のより内側にあり、ここはいわゆる「良心」を司っている領域ではないかと考えられています。自分の行動が正しいか間違いか、善なのか悪なのか、それを識別する部分です。

美しい、美しくないという基準と、利他行動、良心、正邪、善悪等々は理屈のうえで考えればまったく別の独立した価値なのですが、脳ではこれらが混同されやすいということが示唆されるのです（ほかには、女性では恐怖と性的な快楽の中枢が回路を共有しているなどの例があります）。

私たちはごく自然に、人の正しい行為を「美しい振る舞い」と、不正を行った人を「汚いヤツ」と表現します。それも、日本語に限った現象ではありません。やはり脳はこれらを似たものとして処理しているようなのです。

こうした利他性、良心、正邪、善悪の領域があるからこそ、私たちは社会生活を送ることができます。これらの領域が「社会脳」と呼ばれるのはこのような理由からです。

人間を繁栄させた脳の快楽物質

これらの機能は私たち人間では突出して発達しており、それが人間をここまで繁殖、繁栄させた源泉ではないかという考え方もあります。

ホモ・ネアンデルターレンシス（ネアンデルタール人）の頭蓋骨格と比較すると、ホモ・サピエンス（現生人類）の前頭洞《どう》は丸く大きく、脳の容量ではネアンデルターレンシスに負けるものの、前頭前野の発達度は比較にならないほど高いのです。

美しい、美しくないを判定する領域も社会脳の一部であるとなると、この機能も社会性を維持するために発達してきたものと考えられます。

社会性を維持することは、ほかの生物種と比べて肉体的には脆弱《ぜいじゃく》で逃げ足も遅い霊長類にとっては死活問題であり、これを制したわれわれホモ・サピエンスが繁栄を享受してきたと言ってもいいでしょう。

社会性を維持するには、各個体の持つ利他性を高め、自己の利益よりも他者または全体の利益を優先するという行動を促進させる必要があります。

ただ、ともすれば自分が生き延びるためにはなりふり構わず個人の利益や都合を優先するという生物の根本的な性質に反してまで、利他行動を積極的にとらせるために、脳はかなりアクロバティックな工夫をしているようです。

正邪、美醜、善悪という基準を無理やりあとづけにしてでも脳に備えつけ、正、美、善と判定されたときに快楽物質が放出されるようにして、何とか人間を利他的に振る舞うよう仕向けているのです。個人ではなく、種として生き延びるための工夫と言ってもいいかもしれません。

ところが、自分の利益、自分の勝利だけを優先して戦略を立てるという行動は、せっかく備えつけたこの性質に真っ向から反してしまいます。個の都合を優先し、明文化されていないにしても、全体の暗黙のルールという社会性を破壊する行為をするとは何ごとか、と糾弾されてしまうのです。

これはサッカーに限った話ではなく、不倫であったり〝不謹慎〟な発言であったりしても同様です。その個体の行動を、社会性の高いものに改めさせようとして、これ（社会性というルール）に従わないとは何ごとか、と言わんばかりに一斉に攻撃が始まります。

この攻撃には大きな快感がともなうのですが、なぜ快感なのか、その理由については、またのちに説明します。

利他的な脳ほど不公正を憎む

とはいえ、自分の利益を追求するという行動を完全にやめてしまうと、今度は個体としての生存が危うくなります。そのため、社会脳の機能にはある程度の柔軟性が付与されています。わかりやすく言うと、「利他行動を優先しろ」と他者には攻撃しても、自分の利益は優先できてしまう、という程度のゆるさで社会脳は設定されている、ということです。

人は場合によっては自分の利益を優先せず、利他行動の割合を大きくします。一般的な見方からすればこういった行動をとる人たちは、とても素晴らしい人たちのように見えるのではないでしょうか。しかし、危険な側面も持っています。

前項でも説明した「最後通牒ゲーム」によく似て少しルールが異なる、「独裁者ゲーム」という課題があります。これは、最後通牒ゲームにおいて一方が持つ拒否権を、最初から設定しないルールです。

詳しいことは後にまた説明しますが、基本的には「自分の取り分をどれだけ多くできるか」と「相手にも得をしてもらいたい」という気持ちの綱引きをどのあたりに決着させるかという課題です。その落としどころがその人の性格と相手との関係性によって変わるのが面白いところなのですが、だいたい落ち着きどころとしては、配分権を持つ側がおおむね7〜8割程度をとる、という傾向になるようです。

当然のことながら、相手に対して多くを分配する人は利他行動をとりやすいタイプとみなされるわけですが、相手へ分配した分だけ自分のことが尊重されないと、リベンジに走る可能性があることが指摘されています。

これは「自分は利他行動を優先しているのに、あなたはなぜそれを正当に評価せず、利己的に振る舞うのか」「なぜ自分を不当に扱うのか」という心情が働くからなのではないかと考えられます。このとき、人は「社会性というルールにあなたも従うべきだ、そうでないならペナルティを負うべきだ」とその相手に罰を与えようとしますが、これには社会的制裁としての意味合いがあるのです。

最後通牒ゲームでは、その心理が拒否権の行使というかたちで表され、自分の利益もゼロにしてしまうという点が興味深いところでした。

では、実社会ではどうでしょうか？　独裁者ゲームに似て、現実的には相手に対して拒否権を持つことのできる状況はあまり多くはありません。しかしながら、コストをかけてでも、不公正な相手にペナルティを与えたい、という心情そのものは消えることにはなりません。

前項では、協調性の高い人たちでセロトニントランスポーターというたんぱく質の密度が有意に低く、社会性のルールに従わないものはペナルティを負うべきだ、自分を不当に扱うものは許せない、利益を失ってでも制裁を与えたい、という気持ちが強く働くことを説明しました。

日本で、ルールを少しでも逸脱した人がバッシングを受けてしまう現象が相次いでいますが、根底には、セロトニントランスポーターが少ない、という脳の生理的なしくみが関与している可能性があります。

不倫バッシングはなぜやまない？

最初のところで説明したとおり、日本人はセロトニントランスポーターの少ないタイプが世界でも最も多いというデータがあります。

つまり、日本人は、自分が利益を失ってでも、不正をした（ゲームのルールには実際には則っているのですが……）相手に制裁を加えたい、という気持ちが世界一強い民族である可能性があります。冷静で合理的な選択よりも、熱い気持ちで美しさを賛美したいのです。

もしそうなら、多くのことに説明がつくのではないでしょうか。サッカーのW杯ロシア大会で戦略的な負けを選択して決勝トーナメントに勝ち進むという、ポーランド戦のようなやり方が非難を浴びるのも、そのひとつかもしれません。また、社会性というルールを破る不倫という行為がここまでバッシングを浴びるのも、政治家の失言や、有名人の不適切な振る舞いがいつまでも攻撃され続けてしまうのもそうであるかもしれません。

私たちの中に生まれてくる感情は、時には合理的な選択を阻み、勝つことから自らを遠ざけてしまうことがあります。ただそれは長期的に見れば、私たちを種として生き延びさせよう、という天の配剤であるとも言えるのです。

ブランドを身に着けると、なぜ「人生で得をしがち」なのか

独裁者ゲームにブランドが影響

先に紹介した「独裁者ゲーム」は、利他性の程度を定量的に検討できるということで、心理実験などでよく使われる課題です。

分配者と受領者の二者で行われ、分配者が掛け金の配分率を決定し、受領者はその決定に従って受け取るだけという単純なルールです。

この課題では、受領者は配分率の決定に対して何かをすることも発言することもできません。独裁者ゲームでは、分配者は掛け金を独占するのが最も合理的な選択です。ですが、多くの場合、受領者に対して2割以上の配分比を決定することがわかっています。

被験者のブランドへの反応を調べるために、この独裁者ゲームをやってもらいます。20枚の1ドル紙幣を持たせた被験者が、見知らぬ相手に対して一体何枚渡すのかを観察するのですが、この実験は相手がブランドのロゴなどが何もついていないセーターを着ている場合と、ブランドのロゴつきセーターを着ている場合とで、渡す枚数がどう変化するのか、

という点がポイントです。

さて、ブランドのロゴの有無により、独裁者ゲームの結果はどう変わったのでしょうか？ ロゴつきの場合は、ロゴなしのときに比べて、実に25％も多い金額が、相手に与えられたのです。

街を歩いているとき、にこやかに近づいてきた見知らぬ人から「アンケート調査にご協力をお願いできませんか？」などと話しかけられた経験を、誰でも一度や二度は持っているのではないかと思います。

こうしたアンケートに応じる人は実際、どのくらいいるのでしょうか？

オランダ、ティルブルグ大学のマイヤーズらの研究によれば、近づいてきた調査員の服装によって、アンケートに答えてくれる人の割合が変わったといいます。

まったく知られていないブランドのロゴがついたセーターを着ていた場合には、アンケートに答えるのを承諾した人は約14％でした。だいたい7人に1人くらいです。

しかし、ラコステのワニのロゴがはっきりわかるセーターを着ていた場合には、なんとアンケートに答えてくれた人の割合が約52％になったのです。

実に半分以上の人が、調査員が見知ったブランドのセーターを着ていただけで、協力的な態度をとった、ということになります。

寄付金の額についても同じような結果が報告されています。

ここでもなんと、見知ったロゴつきのセーターを着て依頼した場合には、そうでない場合に比べて、寄付金の額が倍になったのです。

ブランド物が発するサインとは？

有名ブランドのロゴつきセーターを着ている人は、それを買えるだけの経済的余裕のある人なのだろうという推測ができますから、この結果は不思議なことが起きているようにも見えます。

「独裁者ゲーム」においては、より持たざる相手に何かを与えたいという気持ちが生まれるわけでもなく、より持てる相手に妬《ねた》みを感じるなどして配分率を下げたりするわけでもなかったのです。

それでは「裕福な相手に、より多くを与える」という一見不合理な選択を私たちがしてしまうのは、一体なぜなのでしょうか？

従来の、消費についての社会学的な理論ではこれをうまく説明することができませんでした。

たとえば、フランスの社会学者ブルデューは、消費を促進するのはディスタンクシオン（卓越性）への欲求であると分析しています。文化財の消費、またそれらへのアクセス権の独占を目的として行われる経済行動は、卓越化という利益を期待して行われるという考え方です。

また、自己肯定のために人間はブランドを必要とする、という主張や、いつか訪れる死への怖れを超克するために金銭的価値への執着が生まれるとする立場もあります。

これらの理論が展開するような、地位をめぐる競争に勝利し、自分が劣っているという屈辱を晴らすために消費が行われるのだ、という主張について考察を加えてみると、消費は競争を助長し、人間同士の社会的距離を広げる行為である、ということになります。

しかしながら、これまで紹介したいくつかの実験は、ブランド品の消費によってより相手と協調する結果を生むものばかりですから、自分を相手に対してできるだけ優位に持っていこうという動機に着目して強調するこうした理論を適用しようとしても、かなり説明に無理が生じてしまうと言わざるを得ません。

しかしここで「社会的選択」という概念を導入すると、この現象をうまく説明できる可能性があります。社会的選択というのは、競争でなく協調するという戦略をとる場合、協調する相手をどう選ぶのか、その選び方のことです。

「ブランドのロゴつきのものを身に着けている」ということは、その人物がすでに一定の社会経済的地位を手に入れているというサインです。つまり脳は、ブランドのロゴという社会経済的地位の高さを示すサインを見て、「互恵関係を築けば利益の増大が見込める」と判断し、その相手を「社会的パートナーとしての価値が高い」と読み替えてより多くの投資をする、と解釈することができます。

脳も好みのブランドに惑わされる

あとで説明しますが、ブランドは、強い感情と結びついた記憶を呼び起こすことで、その商品やそれにまつわる経験に価値を付与します。

けれども、ブランドは脳ではどのように認知されているのでしょうか？

ブランドがブランドになるには、何が必要なのでしょうか？

有名な実験に、「ペプシチャレンジ」というブランドが脳に与える影響を調べた研究があります。コカ・コーラとペプシコーラを比較し、ブランドについての知識が味や選好を変容させるということで話題になった、広く知られている古典的な研究です。

これを脳科学的に検証しようという研究が、アメリカの脳科学者モンタギューらによって行われています。

実験ではまず、ペプシコーラとコカ・コーラを被験者に飲んでもらい、味の好みとブランドの好みが一致するかどうかを調べました。その結果、自分が好きだと思っているブランドと、ブラインドテストで調べた味の好みはそれほど一致するわけではない、ということがわかりました。

つまり、コカ・コーラ好きだと感じて公言していても、ラベルを見せずに中身だけ飲ませるとペプシコーラを選ぶ、という人がそれなりにいた、ということになります。

次に研究グループは、被験者にコカ・コーラとペプシコーラのそれぞれをブランド名なしで飲んでもらい、その最中の脳の活動をスキャンしました。主観的な快楽を感じるときに活動すると考えられている脳機能領域は腹内側《ふくないそく》前頭前皮質ですが、この部分の活動は、被験者があらかじめ報告した自分のブランドの好みとはあまり一致しませんでした。ブランドと味を、脳はどうも別々に処理しているようです。

このデータをもう少し掘り下げるために、ブランド名がわかっている状態で被験者にそれぞれを飲んでもらって、そのときの脳をスキャンしました。すると、コカ・コーラを好きだと答えた人がコカ・コーラと知って飲むときには、記憶・情動の回路が活性化していたのです。

一方で、ペプシコーラではこのような反応が見られませんでした。コカ・コーラに特異的に見られたこの反応は、情動に直接訴えかけて判断を変化させるということで、エモーショナル・ブランディングと呼ばれています。

研究グループはさらに、腹内側前頭前皮質を損傷した患者に対して同じ実験をしました。先に説明したとおり、この部分の活動は、主観的な快楽、そして感情的記憶と結びついています。すると、この患者たちは、ブラインドテストでの味の好みと、ブランド名を明かした場合の好みが一致したのです。

ブランドの好みに判断が左右されてしまうのを私たちはあまり良いことのようには思って

いませんが、ブランドを好むのも大事な脳の働きのひとつと言える、ということになるでしょうか。

変化しやすい「美人」の基準

しかし、素晴らしいブランドも過剰に身に着けたり、さほどカッコよくない人が好んでいることがわかったりするなど、時と場合によってはダサく感じられることもあります。

また、ブランドイメージを毀損《きそん》するネガティブなアクションやステートメントが何もなかったとしても、その価値が時間を経て色あせてしまい、相変わらずそうカッコいいわけではなくなってしまうということもあります。

もっと言えば、「美人」の基準も時間軸、空間軸に沿ってかなり大きく変化する価値のひとつです。その変化の激しさは、「おいしさ」などのあまり変わることのない基準とはやや異なるように感じられます。

こうした変化する価値の評価は、脳のどこが行っているのでしょうか？

あまり変わらないおいしいという価値や、時間を経てもさほど変わらない食品などのブランドの価値は、ここまで述べてきたように腹内側前頭前皮質が判断しています。

変わる美の基準をどこが判定しているのかを調べるために、クウォーツとアスプは「カッコいい」という価値に着目し、20代前半の学生を被験者として脳の活動を測定しました。まず、学生に、香水から家電に至るまでさまざまなジャンルから、カッコいいものとカッコ悪いものを選んで200個以上の画像を作成してもらいました。次に、別の学生たちを被験者として、それらの画像を見ているときの脳の活動をスキャンします。その後、見てもらった画像についてカッコいいからカッコ悪いまで点数をつけてもらいました。

すると、カッコいい、と学生たちが判定した画像について、内側前頭前皮質が活性化していることがわかりました。この部分は、空想、計画、内省的な思考をしているときに活性化する部分であり、「自意識」に深くかかわっていることが知られています。

カッコいいかどうか、という判断と、自意識が関連している、という発見は何を意味するのでしょうか？

内側前頭前皮質が司っていると考えられるのは以下のような機能です。この部分は、自覚していなくても、自分の周囲で起こっていることを常にモニターしており、自分と関係の深いことであればできるだけすばやくこれを検出して反応させようと準備しています。自分との関連がある一定の値を超えると、そこへ自動的に関心が向くようにスタンバイしているというわけです。

若い人の自意識過剰は鋭敏な証拠

若い時代に見られがちですが、誰かをからかうのに、関係のありそうなことをわざわざその人の周りで曖昧なかたちで口にし、その人が気にして振り向いたり応答したりするのを「自意識過剰〜」などと言って揶揄《やゆ》する、いじめのひとつの類型があります。

実際には、これは脳が正常に機能しているだけなので、特に揶揄の対象になるような応答ではありません。しかしながら、そうした正常な応答についても鋭敏にフィードバックが起こり、「その場に適切な応答であったかどうか」を脳が判定しようとして、適切でなかったかもしれない、と判断されてしまうと、それが羞恥心というかたちで表出されることがあるのです。

たまたま誰かの悪意によってそういう目に遭ってしまったら、鋭敏な自意識は健康な脳の働きの証拠なのだから特に恥ずかしいことではない、ということを思い出してほしいと思いますし、むしろそうした悪意のほうにこそ、やや残念な脳の特徴である未発達さ（幼稚さ）が見てとれるということも知っておいていただきたいことです。

ともあれ、自意識と「美」の例のように頻繁に変更が加えられる価値基準が関係しているということは、大変興味深いデータです。

内側前頭前皮質は、自分の社会的な位置づけを確認するために常に活動している領域なのですが、「カッコいい」の基準を司っているだけではなく、無自覚のうちに私たちの行動を抑制し、行きすぎた利己的な振る舞いを回避させるという機能を持っています。いわば「良心」の領域であり、その社会における倫理規範と照合して適切な行動をとらせ、反社会的な振る舞いをさせないようにする働きを持っているのです。

ただ、中にはこうした規範に対してあまり敏感に応答しないタイプの人がいます。つまり、この内側前頭前皮質の活動が活発でないごくわずかの人たちです。

これらの人たちは、いわゆる「サイコパス」と呼ばれる一群の人々ですが、変わる価値基準に対してそれを意に介さず堂々と振る舞うので、あたかもその人たちが基準であるかのような印象を人々に与え、一定数の人から「カッコいい」人物であると支持を得ることがあります。

こうした人物を支持するのは、自意識の領域にネガティブフィードバックのかかりやすい若年層に多く見られます。若いあいだはサイコパシーの高い人間を性的パートナーとして好むけれど、年齢を経ると刺激的な相手より信頼のおける相手を選好するようになるという変化が起こるのはこのためだと考えられます。

もともとサイコパスとは反社会的な人格を説明するために開発された診断上の概念で、かつては「精神病質」と訳されてきました。しかし近年の脳科学の進歩により、サイコパスの示す集合が拡大し、適当な日本語訳がないため、そのままサイコパスと表現されています。サイコパスについては拙著『サイコパス』（文春新書）で詳述していますので、興味のある方は参考にしていただければ幸いです。

日本は、サイコパシーの高い人間の割合がどちらかといえば少ない国です。裏を返せば、内側前頭前皮質の機能が高い人がより多く、「カッコいい」や「倫理」の基準の変化する頻度が比較的高い風土であると言えます。

5年前にはさほど問題にならなかったことが、不適切であると過剰に非難を浴びたり、2年前にカッコよかったものがあっという間にダサくなったりしてしまう。こうした消費のサイクルは、内側前頭前皮質と自意識の関係からさらに研究が進んでいくことでしょう。

脳のある部分の機能を計測すれば、その活動の大きさから、欲求の強さと価値の高さを見積もることができる——これが脳科学の一領域である神経経済学の考え方です。脳は、本人が自覚していない場合でも、常に周りの対象物について価値判断を行っています。そして、無自覚的な行動をひそかに誘導しているのです。

日本人は富裕層になれても大富豪にはなれない？

不確実性にわくわくする脳

２０１８年7月、カジノを含む統合型リゾート（ＩＲ）実施法案が可決され「カジノ」の文字を目にする機会が多くなりました。まだ日本人にはそれほど馴染《なじ》みのないものかもしれませんが、海外でカジノに行かれたことのある方なら、数多くの外国人プレイヤーがゲームに興じている光景をよくご存じでしょう。

彼らの賭け方は大胆で、堅実に賭けたい〝慎重派〟の日本人とはやや様子が異なるように見えます。本稿では「カジノ」を含むギャンブルの〝打ち筋〟から見えてくる日本人の性質に迫ってみたいと思います。

ギャンブルには、ひとたび足を踏み入れればお金をむしりとられて破産に至る世界、といったネガティブなイメージを持つ人も多いようです。

一方、海外で遊びなれた方なら、いくらかのフィー（料金）を払って仲間たちと賭けの楽しみを買う時間、と理解してほどよくたしなむ方法を身につけていることでしょう。いわば、大人の社交場、と言ってよいものでしょう。

では私たちは、なぜ確実なものよりも、不確実な賭けのほうに興奮するのでしょうか？これはギャンブルだけに限った話ではなく、勝負ごとであればスポーツでもビジネスでも、またパートナー選びでも、すでに結果がわかっているものに対して私たちは「つまらない」と感じてこれを顧みなくなってしまいます。

映画や小説や漫画などのあらすじを解説する際に、ネタバレ禁止など半ば暗黙裡にルール化されていることからもわかりますが、私たちは先の展開がわからない状態を好む性質があるのです。これは一体なぜなのでしょうか？

疑問に対するひとつの答えは、長い生命の歴史の中で、生きることそのものが賭けのようなものだったからということができるでしょう。

この人は信用できるのか、この仕事をしていていいのか、この人と取り引きすべきだろうか、この場所に住み続けるべきか、この人と結婚したほうがいいのだろうか、この人と子どもをつくってよいのか……生きるとは、まさに選択の連続です。

選択の連続である生のさなかにあって、確実なことしか選ぶことができない、となると、ほとんど何も決定することができません。そこで、未知の世界に勇んで飛び込んでいけるように（ときには勇み足となることもありますが）、わざわざ脳の快感を覚える部位を刺激するドーパミンを利用して、わからないほうが楽しい、興奮する、という仕組みを脳につくりあげてきたのです。

ギャンブルに熱くなりやすい、なりにくいで言うと、日本人は比較的熱くなりにくい性質を持った人が多くいる集団です。日本人にはドーパミンの要求量の低い人がほとんどで、高い人の割合は全体の1～5％であることがわかっています。

この人たちは「新奇探索性」といって、リスクを冒してでも新しいものごとや未知の世界に触れたいという性質のきわめて強い人たちです。中国や韓国では日本よりはこうした人たちの割合が多いのですが、東アジア全体で見ると、世界的に多い地域というわけではありません。

多い地域は、南米や南ヨーロッパです。新奇探索性が高いと考えられる遺伝的資質を持っている人は20～25％いるというデータがあります。こうした人たちは、新しいビジネスにも貪欲であったり知的好奇心が強かったりという、一般に望ましいと思われる性質も強く持っているのですが、ギャンブルなどにハマりやすく、ものごとに熱中してわれを忘れてしまいやすいという傾向もまた強いのです。

ただ、日本にはドーパミンの要求量が多い人であっても、そこまで熱くなる人は比較的少ないということは言えるでしょう。

脳がギャンブルにハマる二大要因

ギャンブルは依存を引き起こすことがあります。

勝負勘があるビジネスマンなどで、ギャンブルでも博才《ばくさい》を発揮してハマっているけれど、お金の出入りはコントロールできているし周囲を困らせてもいない、というのは依存とは言いません。これは報酬系が刺激に対して反応をくり返しているだけです。この報酬系とは、受験勉強や農作業など目的に向かって頑張っているときに味わう快楽のことです。

依存とは、自分が困っていて周囲も困っている、という状況を指します。たとえば、奥さんと子どもがいるのに、働かないで朝から晩までギャンブルに夢中で、あげくの果てに借金を抱えてしまう、といったケースです。

なぜそのような思考を生んでしまうのでしょうか？　新奇探索性以外のもうひとつの要因は、前頭葉です。

目の前にある1万円と1週間後の1万2000円では、どちらの価値が高いでしょうか？単純に考えれば1万円よりは1万2000円のほうが価値が高いですよね。しかし、確実に目の前にある1万円をとらなければ、1週間後の1万2000円は不確実性が高いのだから、もしかしたら1万2000円が手に入らないかもしれない。

このとき「1週間という時間を前倒しすることが、約17％お金の価値を目減りさせている」と考えることができ、これを時間割引率と言います。行動経済学の概念です。

確実ではないけれど、待てば利益は高くなる。人間は欲の深い生き物ですが、どちらの選択肢をとればより多くが手に入るのか、それを計算する機能を私たちは本来は持っています。

ただ、冷静な計算ができず、未来の富をその額と不確実性とで天秤《てんびん》にかけたときに、不確実性のほうを過小評価する人もいます。ゲームを続ければ不確実だが巨額の利益を得られるのではないか……こう考える傾向が強いとき、自分の行動を冷静に制御することが難しく、ギャンブル依存症になりやすくなると考えられています。

思春期に前頭葉が一気に成長する

この遠い時間軸のことを冷静に考える力は前頭葉が担《にな》う能力です。

生まれながらに前頭葉の能力が高くなることを運命づけられている遺伝的資質の持ち主もいるのですが、それでも適切な養育環境がなければせっかくの資質も育ち切らずに終わります。早ければ7歳、遅いと9歳くらいからこの部分は厚くなりはじめ、11歳から13歳くらいにかけて一気に成長します。その後も時間をかけて徐々に完成していくのですが、やはり重大な時期は思春期。しかるべき教育を与えられないとか、知的に貧困な環境にある、この時期に虐待を受けてしまうなどの悪条件が重なると、遠い時間軸の話を適切に評価できず、わかりやすい額の大きさに負けてギャンブルに失敗しやすくなる、ということが起こります。

ギャンブルでは必ず胴元がもうかる仕組みをつくっています。客に「勝っている」という感覚を持たせながら、コミッション（手数料）などのかたちであまりそれとは意識させないように少しずつ利益を集める、という方法をとっています。

この原理原則さえ知っていれば、少額で長く遊べば遊ぶほどだらだらとマイナスがふくらんでいくということがわかるので、楽しんだらそれで切り上げよう、だとか、大きく賭けてある程度勝ったタイミングでさっと切り上げよう、などと方針を立てやすくなるのですが、そうできる人とできない人の差は大きいようです。

ただ、将来の不確実性によるリスクを低く評価し、より大きく勝負に出るという性質は、それが仕事に適切に生かされれば、能力を存分に発揮してビジネスを発展させる力になり得るものかもしれません。確実な利益か、未来の不確実な勝負か。どちらを選択するかに決まった正解はなく、だからこそ賭けに対する人間の性質にも多様性が存在するのです。しいて言えば、自分の選んだ答えを正解にする力が重要、といったところでしょうか。

賭けごとや恋愛に共通する快楽

賭けごとをしている最中に高揚を感じさせる脳の仕組みは、基本的には恋愛と一緒です。報酬系にドーパミンが放出されると快楽を感じるようにできています。ギャンブルはこのドーパミンを出させるよう、うまく設計されています。また、そういったゲームしか現代に残っていません。

ゲームによっては勝敗の確率がランダムに変動するかもしれないし、アクションに対して報酬が得られるかどうかわからなかったりします。この不確実性がポイントです。

こちらからのアクションに対して確実に利益があるのなら、これはもうゲームではなくて作業です。地道な喜びがある場合もあるかもしれませんが、そこに私たちが大きな快楽を得ることはほとんどありません。できるだけ不確実に、変動する割合で、変化のある間隔で報酬が来る。すると、私たちの脳はあっという間にそのアクションをし続けるようになります。

ボタンを押せば確実に利益が来るとわかっていれば利益の欲しいときだけボタンを押す。このときドーパミンはそれほど出ません。しかし、ボタンを押してもいつ当たりが来るかわからない。だから、ずっとボタンを押し続ける。そして当たりが来るかもしれないと期待しているとき、脳にはドーパミンが多く放出されるというわけです。

これが、私たちが高揚感を感じ、ハマっていくときの脳の仕組みです。

ギャンブルを賢く遊んでいる人とわれを忘れてハマっている人の違いは、お金を増やすのではなく、お金で楽しみを買っているという認識の差だということがわかっています。つまり、お金がもったいない人は損をしたと思うし、ハマっている人からすれば使っているお金の額はどうでもよく、そのとき大当たりしたのかどうか、つまり高揚感の大きさのほうが大事です。

冷静にカジノゲームの仕組みを考えると、賭けた目の倍率が高いほど控除率（胴元が持っていくお金の割合）も高く設計されているので、高い倍率の目に多く賭けることは長期的には損になることがすぐにわかるはずです。しかし、ハマっている人は冷静に考えることができず、自分だけは高倍率の目が当たり続けて得をする、という認知バイアスの罠にかかってしまっています。

錯覚の仕掛けが胴元を太らせる

カジノのメインゲームに「バカラ（トランプを使い、手札の合計数の末尾が９または９に近いほうを勝ちとする）」と「ルーレット」があります。これらのゲームでは、勝敗や出た目の数を記録できるようになっています（一方、ブラックジャックではこうした行為は許されていません）。どうしてバカラとルーレットではそのような行為が許されているのでしょうか？

逆説的ですが、これは結果がほぼランダムであり、記録をつけさせても勝負に影響しないことがわかっているからです。つまり、つけさせるという行為そのものに意味があるということです。

記録をあえて見せることのメリットは一体何なのでしょうか？　記録を見せると、人は次の目を予測しようとします。その予測が当たるか外れるか。この勝負によってさらに客のドーパミンを多く分泌させることができ、より「自分独自の理論を打ち立てれば連戦連勝できるかもしれない」という錯覚――認知バイアスを強めることができるのです。

もちろんカジノ側もこの錯覚を持ってもらったほうがもうかるのですが、客側もそのほうがよりドーパミンを出すことができてゲームを楽しめるため、記録をつけることによって互いにwin-win《ウィンウィン》の関係をつくることができる、とも言えるでしょうか。

そのほかにも高揚感を盛り上げるためのキラキラした内装、音楽、パフォーマンスやディーラーの容姿やファッションなど、カジノにはドーパミンを出させるための仕掛けがたくさんあります。それで完全にハマってしまう人もいますが、客を楽しませるためのコミッションとして適正な額を支払う、という意識を大切にしていれば、ハマりすぎることにブレーキをかけられるのではないでしょうか。

これまでの説明のとおり、日本人に多く見られる形質の持ち主による勝負の仕方というのには特徴があります。慎重で自分を守りながら損失を少なくして勝とうとするやり方です。

ビジネスでも、手堅く勝っていわゆる富裕層にはなれるけれど、大勝して世界的な大富豪に、という人は少ないようです。資産が1億円以上の人は多くても10億円以上の人は意外なほど少ない、ということを聞きます。

日本で生き延びることを考えるのなら、富裕層を目指すやり方がよいのでしょうが、世界で勝負していく、ということを考えたときに、これまでの自分のやり方でいいのか、と自問自答するきっかけに、賭けごとで楽しむ時間はなり得るかもしれません。

自分自身の勝負のクセは、自分でコントロールできていると思っていても、意外と把握できていなかったりするものです。慎重だと自認していても、大胆な勝負のできる自分を発見したり、その逆に意外なほど慎重派だったということを知るかもしれません。

また、あの人は思ったよりずっと大きな勝負が好きなタイプだ、とか、自分の奥さんは大雑把に見えていたけれど意外と堅実だった、などと自分の周りにいる人についても新しい発見があることでしょう。ゲームを通じてその人の本質が透けて見えるとき、人間観察の場としてカジノの面白さは倍増するでしょう。

多くの人がギャンブルを品良く楽しむことができ、気づきを与えてくれる場として賢く活用していけることを願っています。

不倫もバッシングも脳や遺伝子に操られているのか

「懲らしめなければ」という心理

著名人の不倫が立て続けにニュースになり、規模は違うけれどそのつど「不倫バッシング」が起こります。あたかも誰かの不倫が発覚するのを常に多くの人が望んでおり、ひとたび不倫が報じられればみなが待っていましたとばかりにその人物をバッシングする……。

肉食魚のいる水槽の中に肉片を落とすと一瞬でその周りに肉食魚が群がってきますが、ほとんど似た構図のようにさえ見えてきます。

不倫の是非はさておき、自分とまったく関係のない人をバッシングするのは悪いことではないのでしょうか？

そもそも、あなたのごく身近に不倫を経験した人物が……いや、ほかならぬあなた自身も経験があるのでは？

なぜ人は不倫をするのでしょうか？

そして、なぜそれをバッシングすることが、エンターテインメント化してしまうのでしょうか？

不倫という言葉に過剰に反応し、発覚した人物を積極的にバッシングしようとする人は、「他人の不幸の上に自分の幸せを築く行為だから」「子どものことを考えるべき」「オレも（あるいは、私だって）、本当はパートナー以外の人との関係を持ちたいのにあいつだけいい思いをしてお咎《とが》めなしとは許せない」「社会の規範に反する行為を見逃すべきではない」と、それぞれの「正義」を盾に不倫バッシングを正当なものとして認識しています。

共通するのは、自分は正義の側にあり、悪いことをした人間を「ほかならぬ私が直々に懲らしめてやらなければ」という心に燃えている点です。

不倫は昔から芸能ニュースの「鉄板ネタ」ではありました。古くは沢田研二さんと田中裕子さんの略奪婚、松田聖子さん、津川雅彦さん……もう枚挙にいとまがありません。伝統芸能の世界や政界もしかり。〝隠し子〟がいた歌舞伎役者や国会議員など、数え上げようとすれば近年だけでも両手どころでは足りないかもしれません。

しかし、以前は現在ほど不倫に対して世間の目が厳しくなかった、という声が聞こえるこ

ともしばしばです。それではなぜ、不倫バッシングがこれほど猛烈になってきたのでしょうか？

共同体を乱すフリーライダー

そもそもなぜ不倫が「悪」とされるのか？

拙著『不倫』（文春新書）でも詳しく書きましたが、まずはそのメカニズムからお話しするほうがご理解いただきやすいかもしれません。

人類は共同体の中で、一定のコストを負担する見返りとして、共同体からリソース（資源）の分配を得て生活しています。たとえば、私たちは税金や社会保障費用を納める代わりに、インフラや医療の恩恵を受けられます。

しかし、中にはコストを負担せず、「おいしいところどり」する者も出てきます。これをフリーライダーと呼びます。フリーライダーはアリやハチなどの社会にも見られますが、一定の割合を超えてしまうと、共同体のリソースは減るばかりです。

……たしかに不倫をする人は、フリーライダーと言ってもよいかもしれません。（現在の）社会規範に反しているからこそ「不倫」と呼ばれるわけですから。

フリーライダーがひとたび検出されるとどうなるか。集団内の人が、その人にフリーライドを改めてもらえるよう、何らかのかたちでアラートを発します。アラートの段階で行動が改められない場合、そのフリーライドをなんとか食い止めるため、実力行使してでも制裁を加える必要が出てきます。そうしなければ、集団内のすべての人に「なんの制裁も受けないならフリーライドしたほうが得」という戦略が広まり、集団そのものが崩壊してしまうからです。

肉体の脆弱《ぜいじゃく》性と子育て期間の異様な長さのために、集団で生き延びることが種の保存に必須であるために社会性が大きく発達した生物である人類には、フリーライダーの検出機能と排除の機構がほかの生物よりずっと強力に組み込まれているのです。

集団内におけるフリーライダーを検出する心理モジュール（構成部品）として、やっかいなことですが「妬み」の感情が使われていると考えることができます。

不倫をする有名人は、「一夫一婦制」という共同体のルールを守らず、ごく個人的な快楽を貪《むさぼ》っている……つまり、「コストを払わずにおいしい思いをしている」ように外野からは見えるのでしょう。

それが集団内のほかの人の「フリーライダー検出モジュール」に火をつけてしまうのです。

集団の結束が優先の日本

ところで、愛情ホルモンとして知られる「オキシトシン」という脳内ホルモンは近しい人との愛着を強め、集団の結束を高める働きがあります。日本人は地理的環境のせいか、世界的に見ると集団があまり流動的でなく、集団の結束を個人の意思より優先することを美徳とする傾向があります。

愛情ホルモンは一見、素晴らしいもののようなのですが、妬みの感情をも同時に高めてしまうという性質も持っています。つまり、集団の結束が強い社会では、人々はフリーライダーのバッシングに熱心になりやすくなるのです。

とりわけここ10年来、大規模な災害が相次いだことで日本社会は「絆」——集団の結束をより重視する社会に比較的シフトしています。大きな災害や戦闘行為など、私たち人間は集団の結束を必要とする事態にしばしば見舞われますが、集団がそうした状態にあるとき、フリーライダーにはより厳しい視線が向けられます。

利己的な振る舞いをしている人がいると、いつも以上にバッシングされやすくなる――その格好の対象のひとつが「不倫」です。

ようするに、バッシングすることそのものがエンターテインメントとして機能する素地が、集団の結束を強める外的要因によって整えられる、ということになるでしょう。

ただし、バッシングにもコストがかかります。たとえばバッシングしたり抗議の電話をかけたりするのには、それなりに労力も時間も必要です。また、相手によっては名誉棄損だと訴えられてしまう場合もありますし、リベンジされるリスクもあります。

ですが、不倫バッシングを「楽しむ」側にとっては、そのコストを支払ってでも、バッシングによって得られる快感――相手がみじめな姿をさらすことでほっとしたり、胸のすくような思いをしたりする――を手放せないわけです。

また、不倫バッシングは、自分が「正義」の側にいることを確認する行為でもあります。これにより、脳はさらなる報酬を得ることができるのです。

このように書くとバッシングをする人を責めているように見えるかもしれませんが、この人たちは社会性の高いきわめて人間らしい人たちとも言えるのです。補足すると、社会のルールを守る誠実で善良な人ほど、逸脱者への攻撃に熱心になる傾向があることが、複数の研究で報告されています。

ダメな男がモテる理由

もうひとつ不思議なのは、人を騙したり、あちこちに借金を抱えていたり、トンデモないウソつきだったりするダメ男が、なぜか絶世の美女を次々にものにしていたりすることです。それに類する事件は多くの週刊誌などでこれまで取り上げられてきていますが……これは一体なぜなのでしょう？

『サイコパス』の中でも解説していますが、女性は、サイコパス、マキャベリスト、ナルシストの3要素を持っている男性に惹かれやすいことがわかっています。この3要素はダーク・トライアドと呼ばれます。まさに典型的なダメ男、といったところでしょうか。

ただ、ダーク・トライアドの男性は、「新奇探索性（リスクを冒してでも新しいものごとに挑む性質）」が高く、性的にもアクティブなので、遺伝子を広く拡散する性質があります。

つまり女性にとって、ダーク・トライアドの男性と子孫を残し、そこに半分、自分の遺伝子を乗っけてしまえば、その子孫も同じようにあちこちで遺伝子をばらまいてくれる可能性があり、効率よく自分（女性）の遺伝子も次世代につないでくれる確率が上がる、というわけです。

でも、一方ではダーク・トライアドの男性と関係を持つと、恋愛関係や結婚生活そのものは破綻しやすく、面倒なことにもなりかねません。また、不倫と呼ばれる関係にもなってしまいやすく、世間からバッシングされるリスクも高くなります。

それでも、これが抑止力にならないのは、理性よりも強い意思決定の機構が脳に存在するからです。

ダーク・トライアドの魅力に抗《あらが》えないのは、脳の中の古い皮質が私たちに指令を出しているからです。つまり個体として安定した日常生活を送るよりも「遺伝子を効率よく残したい」という、より根源的な欲求が優先されるというわけです。一方、「不倫がバレると社会から罰せられるから、やめておこう」という考えは、理性を司《つかさど》る新しい皮質による判断です。

新しい皮質はアルコールやストレスなどで麻痺しやすく、いわば、タガが外れやすい。「酔った勢いで、つい」といった一夜のあやまちが起きやすいのはそのためです。

こうした視点から見てみると、私たちは脳や遺伝子に踊らされて不倫をしたりバッシングをしたりしている、ということにもなるわけです。

人類は、母親が子育てにかけるコスト（時間、労力）が非常に大きい生物種です。子どもを産むと、数年間は子育てに多くのリソース（資産）を割かなければなりません。誤解を恐れずに言えば、その間、オスが自分の遺伝子を残せる別のメスを求めて外に出るのは、個体数の増加という観点から見ると、効率的な試みです。

私たちの脳や遺伝子は今でもその仕組みを残しています。

一夫一婦制が定着したのは、農耕が始まって規模の大きい集団生活を営むようになってからだというのが有力な考え方のようです。集団の規模が大きくなっても乱婚を続けていると性病が蔓延して共同体が存続しにくくなったため、一夫一婦制が定着したとの学説もあります。

一夫多妻は今でもイスラム圏では認められていますし、乱婚が残っている社会も多く見られます。どの婚姻形態が繁殖適応的であるかは環境条件に左右されます。

一夫多妻、多夫一妻、一夫一妻など、ある地域に生きる集団にとってそれが繁殖に最も適応的な婚姻形態だったから、そこでスタンダードになったということにすぎません。

いずれにせよ、私たちが「倫理的」ととらえているものは人類の長い歴史の中で見れば自明のものではないのです。ごく最近形成されたものかもしれず、「不倫や乱婚＝悪」といった考えも、一夫一婦制が定着したのちにあとづけで広まった概念だと疑ってみるべきでしょう。

こうした背景を知ると、著名人の不倫で大騒ぎしたり、その人の全人格を否定してみたくなったりする人間の存在を振り返ってみたとき、時間をかけてそんなことをするのがなんだか滑稽に見えてくるのではないでしょうか。

人口の約50％が不倫遺伝子を持つ

実は最新の研究によって、ある特定の遺伝子の特殊な変異体を持つ人は、それを持たない人に比べて、不倫率や離婚率、未婚率が高いことがわかってきました。

その遺伝子を持つ人は、性的な行動だけでなく一般的な行動においても違いがあり、たとえば「他者に対する親切な行動」の頻度が低いこともわかっています。これが「不倫遺伝子」の正体ではないか、とも言われています。

それらは気の遠くなるような進化をくぐり抜けてきている一方で、私たちの倫理的価値観は、宗教的観念の発達によって、わずか数百年のうちに急激に変化したものにすぎません。

人口のおよそ50％はこの「不倫遺伝子」を持っているとの報告もあります。なんと、２人に1人は不倫型というわけです。生まれつき「一夫一婦制の結婚には向かない人」がいる、ということを、ぞっとするような思いでとらえる人もいるかもしれません。

ただ、少なくとも、「夫の浮気の原因は妻の性格や振る舞いにある」などと無神経に断罪するよりは、かえって気が楽になる人もいるのではないかと想像したりもします。

このように、ある人物の振る舞いが一夫一婦制に合致するかどうかは、本人の意志や努力という要素よりも、遺伝子や脳の仕組みによって決まっている部分が大いにあるのです。

一方、不倫が芸術作品の原動力になってきた面もあります。柳原白蓮《やなぎはらびゃくれん》、林芙美子、太宰治、瀬戸内寂聴、檀一雄……不倫を創作のエネルギーにしてきた作家は枚挙にいとまがありません。

海外を見ても、不倫を芸術作品に昇華させた著名人は、ゲーテ、ハイドン、チャイコフスキー、ジョン・レノン、エリック・クラプトン……こちらも数え上げればきりがありません。

不倫戦略が繁殖適応的である環境が存在する以上、この先不倫がなくなることはないだろうと考えられます。むしろ、繁殖適応的でもないのに人間のあとづけによる「倫理」があらゆる環境で優先されていけば、人類そのものがなくなる可能性すら生じます。

一方で、ややこしいことですが、社会性を優先し、不倫バッシングを「快感」とする機構が私たちの脳に存在する以上、不倫バッシングもなくなることはないでしょう。

バッシングされてしまうとわかっていても、不倫をしてしまう、他人のことをとやかく言えた義理ではないのに、自分のことは棚にあげて、不倫バッシングにいそしむ……この絶対的自己矛盾の中で人類が生きているからこそ、さまざまな物語が生まれるのかもしれません。

とはいえ、ごく個人的には、やっぱりパートナーが不倫したら割り切れない気持ちは残るかもしれないなあ……というのも本音ではあります。

第2章　容姿や性へのペナルティ　～呪いに縛られない生き方

女性の容姿への「残酷な心理実験」が映し出す現実社会

外見で得していたのは男だった!

女性は世界の人口の約50%を占め、世界の総労働時間の3分の2近く働いているが、手にするのは世界総収入のわずか10分の1であり、世界の総資産の1%以下しか所有していない、といいます。ハンフリー公共問題研究所の報告です。

とはいえ、「女の魅力」があることで美しい女性はより得をしている、と考える人も多いかもしれません。「美人はそうでない人よりも生涯年収が何千万も高い」と見積もった人もいます。

実際のところはどうなのでしょうか?

性的魅力を持っていることと仕事上の評価や成功との関係は、そうクリアカットには決まりません。複数の研究が、「女性では容姿の良さがマイナスに働き、美人は平均的な女性よりも損をしてしまうことがある」としています。

外見が良いことで性的類型化が起こりやすくなります。このことは男性では有利に働きます。外見の良い男性では性的類型化が起これば「男性的」に見られるのです。すなわち、力強く、職務遂行能力が高く、決断力がある、などとみなされるので、仕事上の評価には外見の良さが有利に働きます。

一方、女性はそうではありません。「女性的」であることは少なからず消極的であり、堂々としておらず、意欲や決断力に欠け、セクシーすぎる、と偏見を持たれてしまいます。あるいは、そうであるべきだという暗黙の圧力が、異性からばかりでなく同性からも加えられます。

そのステレオタイプに当てはまらない、容姿に優れた女性がいたとすると、周りから「性格が悪い」だの「結婚しない」だの「子どもをつくらない」だのと攻撃され、いつの間にかステレオタイプ的に振る舞うように社会が彼女を「洗脳」していくのです。

「美人はほかの人よりも、人間ではなく記号やモノとして扱われる傾向が強くなってしまう。すると、人間ならば保持しているはずの能力に劣ると思われてしまうために、部下や一兵卒としては良くても、管理職やビジネスパートナーとしては適任であるとみなされにくくなってしまう」とする調査結果があります。

1979年にコロンビア大学ビジネススクールのヘイルマンとサルワタリが行った調査がそれです。「外見の良さは女性が高給の事務職で雇用される場合には有利に働くが、管理職として雇用される場合には不利になる」と報告されています。

またこれに続く研究では、「美しい女性はコミュニケーション能力が必要とされる職種では高く評価されるが、それ以外の場、たとえば決断力を必要とし、強いプレッシャーがかかっている中、高い指導力を発揮して難局を切り抜けていくといった場面では低評価となる」ということが明らかになりました。

ヘイルマンとサルワタリは、「残念ながら、女性が組織のコアメンバーとして出世していくためには、できるだけ自分を『女性としての魅力に乏しく』『男性的に』見せかける必要がある」と述べています。

「無論、自分の女らしさを捨てることが組織で出世していくための必要条件になるなど、あってはならないことなのだが」という補足つきではありましたが、実際には彼らの研究から40年近く経過した今でも、状況はほとんど変わっていないのではないでしょうか。

男は自分より高収入の女がNG

医学部の女子学生が、自分と同等以上の収入を男性に望むという結果が示された同じ研究で、男子学生の実に6割が、配偶者には自分より収入の低い相手を望み、4割が自分よりも職業的地位の低い相手を望んだとあります。

人類学者のフィッシャーは、女性が経済的自立を達成すると離婚率が高まる、と指摘しています。この傾向は資本主義社会の先進国であっても部族的社会であっても変わらず、貧しい国であろうが豊かな国であろうが同じだったと述べています。

一方で、地位が高く高収入を得ている男性は、地位が低く収入も低い男性よりも結婚する確率が高い。既婚者の場合は、男性の収入が過去の収入や同僚の収入よりも減ってしまうと、別居や離婚の可能性が高くなる、といいます。

人類学者のフレイザーは、古い歴史を持つ48の文化で男女別に別居や離婚について調査しました。関係が壊れた原因の最上位に挙げられたのは「性格の不一致」でしたが、女性のみが挙げたもうひとつの最大の原因は、男性が経済的、家庭的責任を果たさなかったことです。男性のみが挙げた原因の最大のものは妻の不妊でした（医学的には男性側に原因の約4割があるのですが）。

ドイツの哲学者カントですら、女性が学問的に成功したところで、彼女は冷ややかな尊敬を手にしこそすれ、異性に対して絶大な力をふるう魅力は失う、などと述べています。18世紀の話ではありますが、思索を生業とする人にしてはおそろしくプリミティブ（幼稚）な感想であると、現代の人であれば感じてしまう言葉ではないでしょうか。

ビキニとバストに関する調査結果

男性の脳は、女性が肌を露出すればするほど、相手を人間とは思わなくなるという衝撃的な研究結果が明らかになっています。

プリンストン大学の有名な研究では、男性にビキニ姿の女性の写真を見せて脳をスキャンすると、男性の脳では、共感性の領域と呼ばれる部位の活動が低くなり、いわば人間ではなくモノを見ているのと同じ状態になったことがわかりました。

共感性の領域の活動が起こっていないということは、対象となる人物の気持ちがわからないか、または気遣いをするという発想さえ起こっていないということを示唆すると考えられます。

セクハラをする男性たちの言い分を思い返してみれば、なるほどとうなずけるでしょう。相手がどんなに嫌がっていても、触られて喜んでいた、相手は受け入れた、合意のうえでの行為だ、などなど、対象を気遣い、尊重しようという意思は微塵も見られない発言がいつもいつもくり返されます。

また、胸の大きさが職能の評価に与える影響は看過できないことです。女性の胸のサイズと社会的評価についての調査はいくつもあり、ゲゲンが2007年に発表したヒッチハイクの成功率に関する研究がよく知られています。

学生の中から容姿は平均的であり、バストの小さな女性を選んでヒッチハイカー役になってもらいます。最初は、彼女が普段つけているAカップのブラジャーを着用してヒッチハイクをします。次に、Bカップ、Cカップと大きさを増していくと成功率はどう変わるか、という実験です。女子学生にはノーメイクで、ジーンズとスニーカー、胸を少し強調したTシャツを身に着けてもらいました。

すると結果は、およそ700人の男性ドライバーのうち、Aカップのブラジャーを身に着けたときは14・92%が車を止め、Bカップでは17・79%、Cカップでは24・00%と成功率が格段に上がったのです。ちなみに女性ドライバーでは胸の大きさと成功率には有意な関係はなく、いずれも10%以下の成功率でした。

男性では、胸の大きさが女性に対する親切行動の誘因になっていることがこの実験から示唆されたというわけです。

バストが大きいと「頭が悪そう」

それでは、胸の大きな女性は男性から助けてもらえるから多くの場面で有利、と言えるのでしょうか？

男性から見れば大きな胸は魅力を決定する重要な因子として機能していることは間違いなさそうですが、一方で、胸が大きいほど「頭が悪そうだ」という印象が形成されてしまうこともまた示されています。

1980年に発表されたクラインケとスタニスキーによる調査がこの問題に関する初めての報告です。

女性の簡単なプロフィールと写真を被験者に見せ、その印象について答えてもらいます。

プロフィールはほとんど同じですが、バストサイズに関する記述だけが違う3種類（バストが小さい、中くらい、大きい）の用紙が用意されています。写真でもバストサイズが異なっています。

すると被験者たちの反応として、バストサイズが大きい女性に対してだけ、知的・潜在的能力を低く評価するという現象が見られたのです。つまり、知性・品性・モラルに欠け、教養のない女性だとみなされたということになります。テストをしたわけでも話をしたわけでもなく、たった1枚のプロフィールと写真から、胸の大きさが違うだけでそう判断されたのです。

同様の実験が2002年にも報告されています。

女性が6分間講演をしているビデオを大学生の被験者に見せます。女性は中肉中背でセーターを着用しています。バストサイズだけが異なり、A、B、C、Dカップの4種類の動画が用意されました。バストサイズが特に強調される服装ではなく、言語によって明示されているわけでもありません。課題は、この動画を見て、その人物の知的な側面について評価をしてもらうというものです。

女性被験者はそうではなかったのに、男性の被験者は、バストサイズによって大きく異なった反応を示しました。AからCカップまでは評価が明らかに高くなっていきますが、Dカップでは大きくその評価が下がったのです。

それでは、実際のところはどうなのか、というと、外見と知能のあいだにはｒ＝０・１２６という弱い正の相関が見られるというのが現在の知見です（ちなみに最も高い相関がｒ＝１）。つまりまったく関係がないとも言いきれないのです。

体育会系男子が高評価なわけ

近年、大相撲の世界で起きてしまった暴力問題に始まり、現在に至るまで次々とスポーツ界をめぐる問題が表面化しています。これはスポーツ界にとどまらず、日本の社会が個人、特に若者をどう扱い、どう見ているのかが、群発的に浮き彫りになってきているということではないかと思います。

昭和的、などと揶揄されることも多いと思いますが、上意下達《じょういかたつ》の組織では上の命令は絶対であり、言葉として明示されない意思を忖度《そんたく》する能力の高さが求められ、そこには「空気を読んで」行動することが良しとされる価値基準が存在します。

こうした能力は学校などの場では、正課教育としては行われず、成績への評価もほぼなされません。しかし、旧来これらを日本の多くの企業、そして日本社会そのものが高く評価してきたという厳然たる事実があるのではないでしょうか。

歴史のある大手企業ばかりでなく、新興のＩＴ系企業ですら、〝体育会系男子の人材〟を必要としているフシがあります。彼らは非常に〝使い勝手〟が良い。こうした組織の中では、和を乱さぬよう自分を適度にアピールし、評価を高めていくスキルはきわめて重要なものであり、学歴や本来の職能以上に重視されます。

だからこそ、女性で医師を目指す受験生は、いかに点数が良くとも排除されるのです。医師ばかりではなく、働く女性も排除されるという構造があります。今もなお、そうした構造は根深く残っているのではないでしょうか。

読めないタイミングで結婚し、出産し、育児をする女性は実に〝使い勝手〟が悪いと評価されてしまいます。くり返しになりますが、東京医科大学から露見した入試の女性差別の問題は同大学だけではありませんでした。日本社会全体に存在する大きなひずみが端的に現れただけと言えるでしょう。

個人を「歯車扱い」する社会

集団あるいは組織との向き合い方、つきあい方というのは現代の日本においてはいちばん気を遣うところ、注意を要するところです。男はそんな構造の中で生き残ろうと必死に、優秀な駒となって働こうとすればするほど都合よくモノ扱いされ、文字どおり命をすり減らしていきます。組織、そして組織の上層部を守るためにかえって社会的生命を早いうちから断たれてしまう人もいます。

ひとりでいることよりも、集団にいることが最もリスクになり得る社会、という、歴史上珍しい社会に私たちは生きているとも言えます。

長い人類の歴史において、集団であることは自らを守り、また子孫を残すうえでも必須の生存戦略であったのです。集団から排除されることは死を意味するような大きな危機になり得ました。死とまではいかずとも、子孫を残すことができる確率は大幅に減ったでしょう。つまり、人として生を享《う》けたからには、集団の中にいられる力としての社会性を持つことが非常に重要ということになります。

駒となる人材を積極的に登用し、教育してきたという歴史が長らくある日本では、女性への見えない圧力が働きます。女性があからさまな排除の視線を受け、働きづらいと感じるのも、「仕方ない」と自ら可能性を閉じてしまわざるを得ないのも当然です。

「国や会社やさまざまな組織を構成する駒のひとつにすぎないのに、子どもを産まないとは何ごとか。とはいえ結婚や出産、個人の事情で、会社の歯車であることを放棄されては困る」などなど。

響きはよくないかもしれませんが、「良き歯車をつくる」というのがこれまでの日本の社会の教育だったのです。今もなお、多くの人の思考の中には、まだまだそういう悪《あ》しき風潮は〝ごく自然な正当なもの〟として残っています。

歯車である部分と個人である部分をうまく折り合いをつけながら、それを抱えて生きていくのが人生だ、と割り切るのもひとつの方法ではあります。

また最初から、もう歯車であることは放棄して、自分は自分というシステムとしてやっていくんだという挑戦的な戦略をとるのもまた一法です。

どう自分の生き方をデザインしていくのか。モノ扱いされないために何ができるのか。私たちひとりひとりが試される時代に入ってきているのです。

女という「呪われた」性で「婚活」に苦しむ日本人女性

結婚できない＝規格外の女

年末年始などのイベントを控える季節がめぐってくると、誰かと一緒にすごしたいという人も多いかもしれません。そもそも、そのことに見えない圧力を感じさせられてしまう、日本独特の事情もあります。

恋活、婚活にしろ、パートナーを選ぶときに気をつけたいこととは？

女性も男性も、結婚相手や結婚そのものに対する意識に軋みを抱えず、悠々と生きていくためには？

というのが本稿のテーマです。

女性というのは、いわば〝呪われて〟育ちます。

たとえば成績が良くて褒められたとしても「男の子だったらねえ……」と、褒められた直後にため息をつかれてしまったり。理数系の科目が得意ならばそのため息はより大きく深くなり、「女の子『なのに』よくできたね」などと言われてしまったりします。

特に日本ではそうした傾向が強いようですが、自分の意見をはっきりと口にしたり、大人の考えと違うことを理路整然と主張したりすると、男の子ならば賢い子だ、と褒められるような場面でも「お嫁に行けないよ」という言葉で脅迫されてしまう。「お嫁に行けない」という言葉は女の子に対しては負のインセンティブとして働き、いけないこととして刷り込まれていきます。

このためなのか、結婚を考える年ごろになったときに「どうして結婚がしたいのか」という質問に対して、女性は明確な理由を言うことが難しいようです。心の中でうすうす不満と不安を抱えていても、「結婚『できない』ことで女として劣っていると思われかねない社会で、多くの世間の人たちにそういう視線を向けられることが負担だから結婚したいのだ」とは、なかなかはっきりと口に出すことは、それ自体が「女らしくない」などとみなされるおそれがあり、はばかられるものでしょう。

母親の姿などを見て「結婚はそんなにいいものだとは思えない」と言う人でも、結婚だけはしなければ、と強迫的に見えない圧力を感じている人は少なくないようです。愛する人と一緒にいたい、という気持ちからよりも、結婚すれば周りから何も言われないですむ、と考える人が相当数いるというのが実際のところのようです。

「結婚したいがいい男がいない」

「子どもを産んだ」ということも「結婚できた」と同じある種、忌まわしいレッテルとして機能しています。「結婚できない」「子どもが産めない」ことをあげつらってちくちくとそのことを責める人すらいる始末です。そうした攻撃の標的にならないために女性は結婚を望む、という構造が残念ながらいまだにあるのです。

ただし、結婚することが先に立つとはいえ、相手を探すときに「誰でもいい」とは、なかなか思えるものではありません。「婚活をしなければならない」というのは〝呪われて〟育った女性側に課せられた残酷な試練です。

多くの人の話を聞いて見えてきたのが、それまで仕事をバリバリこなしてきた、内面を磨いてきた、能力には自信があるという女性たちは、「生まれ持った容姿だけで勝負してきた人」に対して「勝ちたい」と思っているということでした。

どんなに能力があっても、いいえ、むしろ能力があるだけで「結婚できない」と脅され、生まれつき容姿の良い人たちと比較されてしまってきた。その流れをここで変えたい。自分を軽蔑し抑圧してきた世間に対して「いい男と結婚」というかたちで一矢《いっし》報いたい。そうどこかで願っていることが見え隠れするような気もします。

しかし、結婚で一発逆転したいけれど、仕事に、自分磨きに頑張ってきて、気づいたときにはもう遅い。一発逆転を狙えるような男が残っていない、というわけです。これが、婚活女子たちが口癖のように言う「結婚したいけれど、いい男がいない」の背景にあるのではないでしょうか。

脳科学で見た「いい男」の選び方

「いい男」の選び方を脳科学を通して考えてみましょう。

恋愛と結婚は違うとよく言われます。恋愛と結婚のフェーズでそれぞれ適した男性とはどのようなものでしょうか？

恋愛対象になりやすい男性は、何かに秀でている人だったり、野心がある人だったり、輝いていて、危険な感じのする人がモテているようです。刺激があるほうが面白かったりもしますし、ちょっとナルシストだったり、目的のために手段を選ばない人、ちょっと冷たい人が女性に人気があるのもわからないではありません。

ただのいい人であるよりは、冷酷だけれども自分だけにはやさしくしてくれるように見えるような人に人気が集中したりする場合もあります。

一方、結婚を意識する対象はと言えば、落ち着いていてやさしく、気持ちが安定していて、困ったときにはそっと手を差し伸べてくれる、頼りになる人だろうと思います。

実はこちらのふたつの類型は、女性にモテる二大類型なのです。前者は学術用語では「ダーク・トライアド」と言い70ページで述べたとおり、暗黒（ダーク）の3要素（トライアド）を持っている性質ということになります。3要素とは「サイコパス、マキャベリスト、ナルシスト」で、この性質を持っている人は一夜限りの性交渉に限ると、そうでない人に比べて女性と性交渉できる確率が高くなります。結婚には向いていませんが、多くの子孫を残すことができる繁殖型です。

ダーク・トライアドの人の傾向として、生理的に「相手と愛着を築きにくい」遺伝子を持っていると考えられています。常識的に考えると嫌な性質をもたらす遺伝子なのですが、不思議なことに女性には魅力的に映ることがあるのです。相手と愛着を築かず、誰とも心から仲良くなることはありませんが、短時間で相手を気持ち良くさせて表面的には親しい関係をつくることに長《た》けています。

誰とでも広く浅くつきあって、仲良くなったら利用する。たとえ結婚したとしても、やさしい性質の人に比べて子どもへの対し方は冷淡で、どちらかといえば子どもを投資の対象のようにみなします。

女性はなぜこういう人たちに惹かれるのでしょうか？　これは、生物としては女性たちも、ばらまく特質を持った男性の遺伝子に自分の遺伝子を半分乗せて、次世代で一緒にばらまいてもらおう、という戦略を持っていると考えることができます。

女性は、男性の助けがなくても子どもを育てることが比較的容易な若くて元気があるときは、こうした男性を好み、積極的に性交渉を持とうとする傾向が強いようです。しかし、女性に体力がなくなり子育てに男性のコミットメントが必要になってくると、対照的に親切な行動をとる男性に惹かれるという性質が強くなってくるようです。

自力で困難を乗り越えることが可能な女性から見ると、親切な行動をとる男性の良さはわかりにくいかもしれません。そういう男性はナルシストやサイコパスのように、一見派手に輝く場面は少ないものです。彼らの良さを女性が認知するのは共感性が発達し、知的にも成熟してくるころ。すると、やや年齢が高めになってしまいます。

お見合いや社会的事情で結婚するというのでなく、女性側が男性の良さを認知し、恋愛を主導し、結婚するとなると、これが30代後半くらいになってしまうのは必然的な流れとも言えます。特に都市部の女性では30代での結婚が一般的になってきました。

男性の選び方は年齢軸以外に、そもそもの女性側のタイプという軸によっても変わります。新奇探索性が高く、野心的でいろいろなことに積極的にコミットしたい、自身もサイコパシーが高い女性はいわゆるダメ男であるダーク・トライアドの持ち主に惹かれる可能性が高いでしょう。『サイコパス』でも触れましたが、サイコパシーの高い人はサイコパシーの高い人と結ばれやすいという調査もあります。

もっとも、性交渉に至るまでとその帰結にともなうリスクは男性のほうが低く、女性はリスクが高くなるので（身体的に妊娠と出産による負担が大きい）、性交渉に関しては女性のほうが男性よりもよりブレーキがかかりやすいという特徴があります。もちろん性的にアクティブな女性も存在するのですが、男性よりは少ないようです。

倫理という観点からはさまざまな意見があるでしょう。が、生物としては、特にどちらが良い、悪いということはありません。ただシンプルに、それぞれが異なる戦略を持って、生き延びるための工夫をしているということです。

自分にないものを求めるリスク

学生時代など発達段階で経験させられてしまった、たとえばスクールカーストで味わった低い順位などの屈辱的な記憶を、結婚した相手のステータスによって解消したいと望む人は少なくないようです。男性のステータスによっては、それを利用して女性が優位に立とうとする（マウンティングと呼ばれる）現象が見られることもあります。

興味深いことですが、現代の日本社会では、女性にとって結婚相手のステータスは自身の学歴と同じか、またはそれ以上の機能を果たします。自身が特筆すべき学歴を持っていなくても「私の旦那は○○大学卒なのよ」とアピールすることで、それを手に入れた自分が承認されるような感覚が得られるようです。そうした場面を経験したことがある人も多いでしょう。逆に、自身の学歴が高いことはあまり評価されず、むしろパートナーを探すのに困った経験のある女性も少なからず存在するでしょう。

「学歴やステータスでしかその価値を認めてもらえない旦那さん」というのもよく考えるとなんだかかわいそうですが、「学歴やステータスがあることで疎《うと》まれてしまう女性」というのもまたやるせない存在です。

独身研究家の荒川和久さんの記事で、女性の年収が1500万円を超えると一気に未婚率が上がることが指摘されていますが、現代人が結婚に求めるものがそのデータの背後に見え隠れするようで興味深く感じます。

自分にないものを相手に求めるのは恋愛の良いきっかけとなるものですし、関係が良好なあいだは互いの足りない部分を埋める材料として、ステータスや、自分に足りない部分への不安でさえ、ふたりでいるための力の一部になります。しかし、ひとたび関係にひずみが生じると、互いの不安は関係のリカバリーを難しくさせてしまう原因にもなり、長く関係を続けることが困難になるようです。

脳の声が結婚生活を脅かす

結婚するとほとんどの場合、長い時間をこれまで他人であった人と一緒にすごすことになります。初めのうちは、誰か新しい人が家というプライベートな空間にいる、というだけでストレスを感じてしまうことがあるかもしれません。ひとりでいるほうが気楽、と感じる人の声は意外なほど多く聞かれます。

ひとりでいればだらしなくしていても誰にも何も言われない、という事情もさることながら、よりストレスを大きくしているのは自分の行為をたしなめてくる自分の声です。

たとえば女性の場合なら「夫の前では身なりを整えなくてはならない」などと、自分が何かで読んだり誰かから言われたりしたその記憶が、「こんなことをすると嫌われる」「夫の前で『女』を捨ててしまう自分は魅力がないと思われるのではないだろうか」と常に自分を責《せ》め苛《さいな》んでくるのです。このような、ふたりでいるときのストレスからは、別居でも始めない限り自由になれません。

自分に対して語りかける自分の声の正体は、「内側前頭前野」の働きです。ここは良心の領域と呼ばれているところで、自分の行動を律するという役割を果たします。「妻たるものは夫のために料理をすべき」「働いて帰ってくる夫のために居心地よく住居を整えておくべき」「夫より先に起きて化粧をすべき」など、自分を諭してくるのはこの領域の機能です。

日本人はおそらくこの機能が高いと考えられますが、内側前頭前野は自分自身だけではなく、他人に対してもその行動をたしなめるような働きをしてしまうことがあります。

いわく、「不倫をすべきではない」「子どもがいるのに夫婦喧嘩をすべきではない」「政治家は性的関係において清廉であるべきだ」「予定されていたコンサートをアーティスト側がドタキャンすべきではない」などと、それまでまったく何のかかわりもなかった人にまで、「いかがなものか」と物言いをつけてしまうのです。ネットニュースのコメント欄やSNSを見渡してみても、こうした発言が非常に多いことがわかります。

人と一緒にいると他人の視線が気になる、と答えた人は20代で7割、30〜40代になると5割程度にまで下がってきます。年齢が高くなるほど割合が下がるのは、人の視線に慣れてくるからということと、不安そのものを抑えるための脳の仕組みがより発達してくるからという理由によります。

ふたりでいることのストレスをより軽くするためには、自分や相手を責めようとする内側前頭前野の働きに少しブレーキをかけてやり、多少逸脱したことを自分や相手がしてしまっても、寛容でいられるように心がけていくのが大切になってくるでしょう。

相手との豊かな関係とは

とはいえ、日本では今や3組に1組が離婚する時代です。結婚生活はうまくいけば非常に楽しいものですが、さまざまな要因によりそうならない組み合わせもあります。特に結婚生活を長く続けることが無条件に良いことというのは非論理的ですし、離婚や未婚が無条件に悪いということもありません。国家のために個人の生活を犠牲にして、結婚や子育てをするべきというのも前時代的な考え方でしょう。

失敗をしたくない、という気持ちが強くなりやすい遺伝的傾向を持つ日本人の集団の中にあって、やはり結婚にも失敗はしたくないと思ってしまうのが人情というものかもしれません。リスクを避けるほうが賢い生き方だ、とするような窮屈な風潮もあります。

ただ、うまくいくことだけが是とされる社会は選択肢の多様性に欠け、新しい発展の芽も育ちにくいものだろうと思います。

女性も男性も結婚相手や結婚そのものに対する過剰な期待や圧力を感じたら、それをひとまず遠くから客観的に眺めてみましょう。本当に自分と自分の大切な人が悠々と生きていくためには……という視点から恋愛や結婚を見つめなおしてみることができれば、それがもっと豊かで楽しい関係を築いていくための基礎になっていくはずです。

レールを敷く親——子どもを蝕む「毒親」とは?

2010年代半ばくらいから日本でもよく聞かれるようになった「毒親」。1989年にアメリカのセラピスト、フォワードが『毒になる親 一生苦しむ子供』(邦題、講談社+α文庫)というタイトルの著書を発表したことから使われるようになりました。

最近になって「毒親」という言葉がクローズアップされ、その中でも特に母娘の問題が取り上げられるようになり、関連本も多く出ています。

「自分の親も〝毒親〟だったのでは」と共感したり、「自分も〝毒親〟になってしまっているのではないか」と不安に思ったりした方も少なくないのではないかと思います。本稿ではこの毒親をめぐる問題について考察していきます。

毒親——育児放棄、肉体的のみならず精神的な虐待や、過度の干渉によって子どもを支配しようとするなど、まさに子どもの人生にとって毒になる親のことです。近年、家族関係についてこれを「病」と名づけて分析を試みる書籍が立て続けに出版され、非常に話題になりました。

読んで胸のすく思いをした人、長年の傷が癒やされたという感覚を味わった人も多かったでしょう。自分だけじゃなかったんだ、自分ひとりだけが苦しい思いをしていたんじゃなかった、と知ることも癒やしのひとつの大きな要素であっただろうと思います。

女親のネガティブ感情

この問題の中でも特に共感を呼ぶように思われるのは、母娘間のトラブルではないでしょうか？

よく耳にするのは、母親は結婚しようとする娘に対し、娘の結婚相手の選択をコントロールしようとすることがあるという問題です。自分と同じような失敗を子どもにさせたくないのか、自分が成功したから子どもにもそうなってほしいのか、はたまた自分が失敗したから子どもに成功されると面白くないという気持ちなのか……。

いずれにせよ、子どもが幸せになるのをどこか手放しで喜ぶことができず、モヤッとした気持ちを抱えたままその感情にふたをし、自分のネガティブ感情をうまく制御しきれていない親というのは、存外少なくないのではないかと思います。

建て前上はもちろん、子どもの幸せを願わない親はいない、と親は百パーセント純粋な慈《いつく》しみの気持ちを子どもに向けているものとして接するのが礼節にかなった見方ではあるのですが、本音の部分に押し殺されている感情をいつまでも見過ごしにしていると、思わぬところでそれが爆発したり、体調に影響を与えてしまったり、人間関係そのものがぎくしゃくしたりとさまざまな問題の原因になったりもするのです。

妬みの感情は、家族間のほうが他人よりも強いと考えられます。類似性が高いほど、妬みも高まることが学習院女子大学の澤田匡人《さわだまさと》先生らにより指摘されています。遺伝子を共有しており、しかも性別も同じ母娘間では、よりその感情が強まるであろうことが推測できます。

子どもを支配しようとしたり、レールを敷こうとしたりするとき、母親側はそれを子どもに対する愛情だと信じているようです。もちろんそのとおりでしょう。でも、その濃厚な愛情の裏側に、別の感情が隠れてはいないでしょうか?

子どもに失敗してほしくない、逸脱した行動をとって後悔してほしくないという気持ちから、子どもについ干渉してしまうのだと親側はこぞって口にします。しかし、子どもの自発的な行動に対してコントロールするかのように注文をつけたり、あれこれと口出ししてしまったりする自分自身の行動を、振り返って苦々しく感じてしまう親がいるのもまた事実なのです。

それが愛情なんだと自分に言い聞かせなければならないほど、本当は後ろめたい気持ちが心の内に潜んでいるのではないか。

親である多くの人は「私は『誰かの親』である前に、『ひとりの人間』である」――このことを確認したい、誰かに認めてほしい、とやはりどこかで願っているものなのだろうと感じます。

タブー破った「毒親」という表現

「毒親」という言葉が流行した背景には、多少問題があったからといって、産み育ててくれた親のことを悪《あ》しざまに言うなんてとんでもない、親不孝だ、もっと感謝すべきだ、という社会通念があったことを考慮しなくてはなりません。

その中で黙殺されてきた、自分に対してひどい行為をした親への怒り、ひどい扱いをされた悲しみ、ひどい言葉で嬲《なぶ》られた悔しさを、認めてほしいという子ども側の本音を一撃で表現し得たのが「毒親」という言葉ではなかったかと思います。

相手が親だからといって、受けた行為をなかったことにしなくてもいい。親を悪く言うなんて、あなたがおかしいのだ、恩知らず、とたとえ誰かに言われても、いいえ、彼／彼女は毒親でした、親だからといってやっていいことと悪いことはあります、と言い返すことができる。

無論、親も完璧な人間ではあり得ません。疲れもするでしょうし、ミスも犯すでしょう。家庭にあってすら常に神経を研ぎ澄ませていてほしいというのは酷な要求です。大人であっても、自分自身を制御することすら難しい場合は少なくないでしょう。

ただし、だからといって他人（「毒親」の場合は子ども）に危害を加えていいということにはなりません。しかしこのことに冷静に思い至ることができる人はそう多くはないのです。これが、「毒親」の問題が非常に根深い理由です。

多くの人がストレスを抱えながら生きています。そのストレスの大半は人間関係によるもの。さらにそのうちの多くの部分を、家族関係によるストレスが占めていると考えられています。

職場や学校ならば、重い決断ではありますが、退職する、退学するという選択肢があります。いざとなったら逃げ場がないわけではありません。

しかしながら、家族から逃げるとなると、よりそのプロセスは困難になっていきます。婚姻関係であれば解消するということも不可能ではありませんが、親子や兄弟姉妹という関係は法的にも絶つことが非常に難しくなっています。日本では殺人事件の件数そのものは減少しているのに、家族間での殺人事件の割合は増加しています。これは、ひとつにはこの閉塞感が影響していると言えるでしょう。

前述のように、東日本大震災（2011年）が起きて以降、急速に「絆」という言葉が金科玉条のように語られる時代になってきました。共同体の関係を強めようとするものを、たしかに私たちの脳は美しいと感じるようにできています。誰かのための苦労だったり、自己犠牲的な行動であったり、絆というものを再確認させてくれる何かに私たちは美しさを感じます。

一方で、それを批判したり揶揄したりすることは容易にはできません。親の恩というのも同様でたしかに筆舌には尽くしがたいものがあります。自分の時間や労力を使い、仕事を辞めたり、健康を損なってまで自分を産んでくれた、育ててくれた、など。

言葉にしてしまうと安っぽいかもしれませんが、実際には非常な労苦をともなう一大事です。それを考慮すれば、親の存在や行為を、困った、不快だ、苦しい、と思っても、なかなか簡単には解決できないところだろうと思います。

愛と憎しみのホルモン

親子というのはどうしてこんなに息苦しいのでしょうか?

そこには脳内ホルモンであるオキシトシンが深く関与しています。オキシトシンというのは人と人の絆をつくる物質です。仲間を助けたり、弱い者を守ったり、子どもを育てたり、信頼を強めたりといった行動に直結し、「愛と信頼のホルモン」という呼び方もあります。

これだけを見ると、オキシトシンの促進する行動は良いものであり、オキシトシンは増えれば増えるほどよいのではないか、という印象を受けると思います。が、そう簡単にはいきません。実は、オキシトシンが増えると、「妬み」「憎しみ」の感情も強まってしまうのです。かわいさ余って憎さ百倍、とはよく言ったものです。

この感情がオキシトシンによって高まるのには理由があります。

オキシトシンは、先に述べたように人と人との絆を強める方向に働く物質です。ということは、人と人との絆を分断しようとする人や、仲間同士の良好な関係を壊しかねないような人、みなで仲良くすごしている共同体のルールを破ろうとする人に対しては、これを攻撃するという行動を促進する働きを同時に持つのです。

絆を分断する、良好な関係を壊す、共同体のルールを破る、といった反社会性の顕現《けんげん》とみなすことのできる行動に対して、この芽を摘んでおこう、というのがオキシトシンの本来の役割です。一言で言うと、反社会性に抗して向社会性を高めるホルモンがオキシトシン、ということになります。

それでは、絆を分断する、良好な関係を壊す、共同体のルールを破る、といった行為は、どのようにして集団内の人に認知されるのでしょうか？

オキシトシンの濃度が高いとき、私たちの心理には興味深い現象が起こります。

「外集団バイアス」と「社会的排除」です。

外集団バイアスとは、「自分たち」の集団に含まれず、「自分たち」と異なる人たちを不当に低くみなす認知バイアスのことです。ヘイトスピーチもこのひとつの表れであると言えるかもしれません。

社会的排除とは、「自分たち」の中にいながら「自分たち」とは異質な人たちを不当に攻撃したり無視したりする結果起こる排除のことを言います。

この「異なる人」「異質な人」の存在を認めさせない、というのがオキシトシンの働きの大きな部分です。

もうおわかりでしょうか？　家族の中でこの仕組みが働くとき、妻が夫を束縛したくなり、夫は妻を支配したくなり、親が子どもをコントロールしたくなる、という現象が起こります。

「子どもに逸脱を許さない」「子どもが好き勝手やることは認めない」というのは「愛情ホルモン」であるオキシトシンがそうさせるのです。

これらのメカニズムは非常にやっかいで、客観的な視点からは醜悪な行為に見えるものの、当人にしてみればきわめて正当な行動を正当な理由に基づいてしているとしか認知されません。

正当な理由——それは、家庭生活を守らなければ、私たちの社会を維持しなければ、共同体のルールに従わなければ、という理由です。

興味深いことに、ヘイトスピーチをしたり、社会的弱者を攻撃したりする人たちの気持ちの中には、「自分は社会正義を執行している」「時間というコストをかけてでもこれを発信する意義がある」というある種の強い正義感が見られます。

この攻撃は両者とも、きわめて主観的な視点からは「共同体の絆を強めるもの」として行動に移されるものです。

恐ろしいことに、愛情と絆を強めようとする働きが、排外性と弱者への攻撃を同時に強めてしまう。愛情ホルモンこそが息苦しいまでのコントロールを成員に強いてしまうのだということが、生理的な要素として説明できてしまうのです。

同性愛の科学――〝生産性〟をめぐる議論

排外性の対象として同性愛の〝生産性〟が政治家によって問題とされました。性的指向や性自認は生理学的、生物学的な要素の強い資質です。

これをめぐる議論は、本来は政治とは無縁のものであるはずです。ただ、LGBTはマジョリティではない（＝マイノリティである）ことから奇異な目で見られたり、社会的に不当な扱いを受けたりしがちであったために、その状況をどうにか解消しようと政治的な手続きを求めた結果、本質的にはまったく別の問題、イデオロギーや党利党略をめぐる他者の確執等々に巻き込まれてしまいました……というのがこれまでの性的マイノリティの歴史における残念な部分と言えるでしょう。

巻き込まれた当事者にも忸怩《じくじ》たる思いがあったのではないかと想像されます。性的マイノリティあるいはそのアライ（支持者）にカテゴライズされるだけで政治色をつけられてしまいかねないというのは、当人にとっては愉快な状態とは言えないでしょう。

同性愛は生得的か後天的か

保守的な人々の中には、「同性愛は個人的な選択の結果」と主張して、性的指向と性的嗜好をあえて同一視するか、またはややエモーショナル（情緒的）な理由からか、これらの区別をつけることが難しいと訴える人もいます。そんな中で一部の同性愛者の活動家は、同性愛が生得的であると主張し、科学的なエビデンスが、より広い性的マイノリティの受容につながることを望んでいます。

しかし性的マイノリティの権利を主張する人自身の中にも、セクシュアリティが生物学的に決定される、あるいは出生時に固定されているという考え方に抵抗感を持つ人もいます。「セクシュアル・フルイディティ（そのときどきで好きになる性別が変わり、特定されないというもの）」をカミングアウトする海外セレブリティもいて、性的指向が人生の中途で変わる可能性があるというのがその主張の骨子です。ややファッション的な要素も感じられますが、たしかに生得的な要因のみで性的指向が完全に決定されるというのは、科学的にもやや乱暴に感じられる議論ではあるでしょう。

近年では、後天的な要因により性的指向が変わることを裏づけると考えられる生物学的知見が、ヒトでもヒト以外の生物でも報告されています。

ただ、基本的には、性的指向は完全に環境要因だけで決まるわけではありません。『ブレンダと呼ばれた少年』（ジョン・コラピント、村井智之訳、扶桑社）のデイヴィッド・ライマーのケースを振り返れば、「性自認は遺伝的なものではなく、完全に後天的な環境要因による」という考え方が誤りであることがはっきりとわかるでしょう。

デイヴィッドはごく幼い時期に行われた外科的な割礼手術に失敗して陰茎のほとんどを失い、「性自認は後天的である」という説の強力な支持者であった性科学者ジョン・マネーによって、女児として育てられることになりました。

しかしデイヴィッドは男児らしい遊びを好み、自分が女であるという自認を得ることはありませんでした。母親からは報告を逐一受けていたにもかかわらずマネーはこれをひた隠しにし、女児として育てることに成功したと報告しました。

ホルモンを投与したり膣の造成を勧めたりするマネーの指導に母親は従順にしたがいましたが、デイヴィッドは女児らしい性質を示すことはなく、周囲からは奇異な目で見られました。転居を試みても精神的に追い詰められ、やがて母親は自殺未遂、両親は離婚する寸前にまで追い込まれました。

デイヴィッド自身は、14歳になったときに父親から経緯を聞き、本来の自分の性である男性に戻りましたが、38歳のときに拳銃で自分の頭を撃ち抜いて自殺します。

ダーウィンが戦犯のひとり!?

実際にセクシュアリティ関連遺伝子はいくつか見つかってはいます。ですが、これがどのように同性愛者としての脳を構築するか、異性愛者ではそれが機能しているのか、機能しているとしたらどのような役割を果たしているのか、そしてそもそも同性愛とは生物学的にどのような意味を持ち、なぜそのような遺伝子が保存されているのかについて、これまでの研究を整理しておくのは価値のないことではないでしょう。

同性愛は人間だけのものというわけではありません。

動物界では、同性間で行われる性行為はごく普通に見られる一般的な行動です。バジェミールによれば、全世界で450種類以上の動物に、求愛、ペアリング、ペアレンティングを含む同性愛行為が記録されているといいます。観察例だけでいえばもっと多く、約1500種で確認されたという報告もあります。

ただ、動物界における同性愛についての研究は、長いあいだタブー視されてきたという側面があります。

性行動はヒト以外の生物においても、繁殖という目的で行われるだけではなく、群れを平和に保ち、群れとしての行動を円滑に進めるのに役立つという機能もあわせ持っています。あぶれたオスをオスが満足させたり、オス同士の絆を強化したりするなど同性間の性行動が社会的な機能を果たすことがあるのです。

しかし、ヒト社会における同性愛は、研究者たち自身にも情動の惹起をともなう取り扱いの難しい問題であったために、その自意識にも抵抗感が生じて、データの冷静な解釈が困難なほどであった、というのは留意すべき点でしょう。

なぜ、同性愛をタブー視する考え方が通念として流布しているのでしょうか？

戦犯のひとりは、ダーウィンかもしれません。彼は、動物の性行動は「生殖」を促すようできており、それゆえに必ず異性愛になる、と考えていました。性行動が生殖のみに用いられるわけではないことが広く知られている現代の感覚からすると、やや古風なパラダイムといっても差し支えないでしょう。

動物界における同性愛の例としては、オアフ島で実施されたハワイ大学の調査で明らかとなった、アホウドリの性行動が挙げられます。

調査対象となったおよそ120羽のアホウドリの多くが同性愛的行動をとっており、つがいの実に3分の1はメス同士であることが判明したのです。DNA解析から一部のメスは最大19年間もつがいであり続け、こうしたメスは遺伝的に子の父親となるオスと交尾したのち、パートナーであるメスのもとに帰って、ともに卵を温めているようだということがわかりました。

また、ドイツ・ベルリン動物園ではオス同士でしか交尾をしないオウサマペンギンが見つかりました。この2羽は繁殖用のペンギンでしたが、受精卵が見つからないことから調査され、この事実が判明しました。

ただ排他的同性愛の関係（バイセクシュアルでない）が生じる種がどれくらいいるのかは、十分に研究が進んでいないようでもあります。

排他的同性愛の関係が生じる種の例としては、家畜の羊があります。オスの約10％は、メスと交尾することを拒否し、ほかのオスと交尾をします。10％という数字はそう低くはありません。ヒトでは全体の5〜15％が同性愛者であるとされますが、同程度の水準と言えます

(欧米の若者では30〜50％が「自分はストレートではない」と回答していますが、これはバイセクシュアルも含むものです)。

有名なショウジョウバエのオス同士の求愛に関する山元大輔東北大学教授の研究では、satori（さとり）と名づけられたショウジョウバエの変異体で、オスがメスに求愛せず、オスに求愛するという形質が、fruitless（フルートレス）という遺伝子1個の働きの有無により現れるか否かが決まることを明らかにしています。この研究は、同性愛という形質が遺伝的に決まる証拠として注目されました。

子孫繁栄に寄与する同性愛遺伝子

子孫を残していく営みを〝生産性〟と表現するのには個人的には躊躇がありますが、わかりやすさを重視し、あえてこの言い回しを使ってみることにしましょう。

イタリアのカンペリオ＝キアーニらの研究グループは、同性愛者男性の女性の親戚は、ストレート男性の女性の親戚の1・3倍の子どもがいることを示しました。

この研究は、ダーウィン的なパラダイムにおいては一見不合理となる同性愛の意義について再考を促すものとなっています。つまりデータは、同性愛遺伝子を持っているほうがより〝生産性〟が高い可能性を示唆しているのです。

この遺伝子が認知上どのような働きをしているのかはまだ明らかではありません。ただ、この遺伝子が、同性愛者の親族である女性が性的により早熟となり、より多くの子どもを持つ傾向を促すものであったとすれば筋は通ります。

また、一方の性で発現すると同性愛を促す遺伝子が、他方の性で発現すると別のメリットがある場合に同性愛が起きるのではないか、と仮説を立てた研究グループが、これを検証するために、ある昆虫を用いて実験を行いました。

まずこの昆虫のあいだで人工交配を行い、同性愛傾向を促す遺伝子を持つ個体の割合が高いグループを作成しました。すると、この遺伝子グループでは異性の繁殖力が高いことがわかったのです。ヒト以外でも、同性愛の遺伝子を持っているほうが〝生産性〟が高かったのです。

この現象を説明しようとするのが「ヘルパー仮説」あるいは「ゲイの伯父（叔父）仮説」と呼ばれる説です。同性愛者の伯父（叔父）は血縁者の子育ての手助けをよくするため、自分は子を作らなくともその遺伝子が残りやすい、という考え方です。

同性愛者は異性愛者の男性よりも共感力にすぐれているという実感を持つ人は多いと思いますが、それが本当に一般的な傾向として成立するのであれば、たしかにその近縁の女性は子を育てやすいでしょう。子どもがいない同性愛者は、近縁の子孫に食料、労力としての監督、防衛、避難所などの資源を提供することによって、未来世代において家族の遺伝子の繁栄に寄与する可能性があるということになります。

ファンデルラーンとヴァセイは太平洋のサモア島における研究で、男性が性のパートナーとしてある種の男性を好むということを報告しています。

彼らは第三の性別として、fa'afafine という異なるカテゴリーの男性というかたちで受け入れられています。ファンデルラーンは fa'afafine が、ほかの男性たちよりも親族を助けることにずっと熱心であることを報告しています。ただ、家系外の子どもたちを助けることには関心を持っておらず、この研究は「ゲイの伯父（叔父）仮説」を支持する例であるとみなすことができます。

これらの結果は、自身が子どもを残す率は低いけれども、その遺伝的資質を基盤とした同性愛行為が一方の性に広まるのは、異性側にもメリットがあり、その行動を司る遺伝子が自然選択によって保存されるからであるという説を裏づけています。

同性愛は種の保存のための基本的なメカニズムであり、幅広くその仕組みが採用されているのは、それが適応的に機能してきたからだと考えるのが自然でしょう。

今回紹介させていただいた研究は、〝生産性〟を向上させるために自然が残した仕組みが同性愛の遺伝子である、ということを強く示唆しています。

このように、多くの種で機能している有効な仕組みとしての同性愛を念頭に置くとき、〝生産性〟を理由に排除すべきなのは、むしろ同性愛者を排除しようとする心の動きのほうではないでしょうか。ただ、自分とは異なる存在を排除しようという機構が働くのがヒトの脳の特性でもあり、「マイノリティを排除せずにはいられない」という個体がヒトの群れの中には常に一定数生じるその仕組み自体もまた興味深いものです。

第３章　「褒める」は危険　～日本人の才能を伸ばす方法とは？

失敗を恐れる脳——日本人はなぜ「挑戦」しなくなったのか

「褒めて育てる」は正しいか？

日本人について、慎重で思慮深く、真面目で、無謀な挑戦をしない、という類型が語られることがあります。私もそのように語ってきたという自覚があります。

ただ、こうした性質は生まれつきのものであると同時に、ある程度は後天的に影響を与える要素があることが知られてもいます。

たとえば、子育てについて書かれた本などには、「褒めて育てる」「子どもに自信をつけさせるにはとにかく褒めて、それがその子どもの成功を約束する」というような内容が必ずと言っていいほど載っているでしょう。

もしかしたら、少し年齢が上の世代になると「厳しく躾《しつ》けることが重要」という考え方をもとに教育された方もいらっしゃるかもしれませんが、最近の教育の基本方針は、そうした厳しい教育とはまったく逆の方向に行っているようです。

近年刊行されたものを見渡せば、数点、逆張りのような論調のものが見られるほかは、ほとんどが褒めることをベースにした主張の書籍でしょう。

特にここ数年はテレビでもインターネットでも、「子どもにネガティブなことを言ってはいけない、何も言わないことで無意識的にネガティブなメッセージを送るのもいけない、叱ったり無視したりせずにポジティブなメッセージを送ろう、子どもを叱ることよりも褒めることのほうがずっと大事だ……」という主旨のコメントが、あたかも性差別や人種差別などの偏見を含まないポリティカリーコレクト並みの扱いをされます。

年々「子どもには罰よりも報酬を与えることが基本かつ重要」という考え方が正しいとみなされる空気が醸成されてきていると感じる人がほとんどではないかと思います。

たとえば、子どもがテストで良い点をとって帰ってきたら「本当に頭がいいね」と褒める、絵画で賞をとったら「芸術の才能があるね」と褒める、スポーツで結果を出したら「運動能力が抜群ね」と褒める……。

このやり方は、一見正しいように思えます。

たしかに、いつも「いい子だね」と伝えて育てることで、自信に満ちあふれた幸せな子どもに育ちそうな気がするでしょう。実際、そういう教育を実践している人も多いでしょうし、意識的にそうしようと考えてはいなくとも、なんとなくそういう方向が正しいと感じて無意識的にそうしてしまっている、という人が少なくないのではないかと思います。

でも、このやり方に「一度も違和感を持ったことがない」という方は、意外と少数派なのではないでしょうか？　たまにはお小言を言ったほうがいいんじゃないの……？　本当にいつも手放しで褒めてばかりでいいの……？　あとになって「本当は褒めるだけの教育はダメでした」っていうことがわかったらどうしたらいいの……？

難しい課題を避ける褒められた子

実はすでに１９９０年代の終わりに、次のような実験が行われています。コロンビア大学のミューラーとデュエックによる研究です。

人種や社会経済的地位（Socio-Economic Status:SES）の異なる、10歳から12歳までの子どもたち約４００人に、知能テストを受けてもらいます。テストの内容は、並べられたいくつかの図形を見て、その続きにはどんな図形がくるのかを答えるというもの。

おそらくみなさんの多くが子どものころに学校で受けたことがあるテストと近いものです。完全に同じものではありませんが、左ページのような感じのテストです。

子どもたちが受けた知能テストの一例

〈問題〉

「？」に当てはまる図形を１から６までの中より選びなさい。

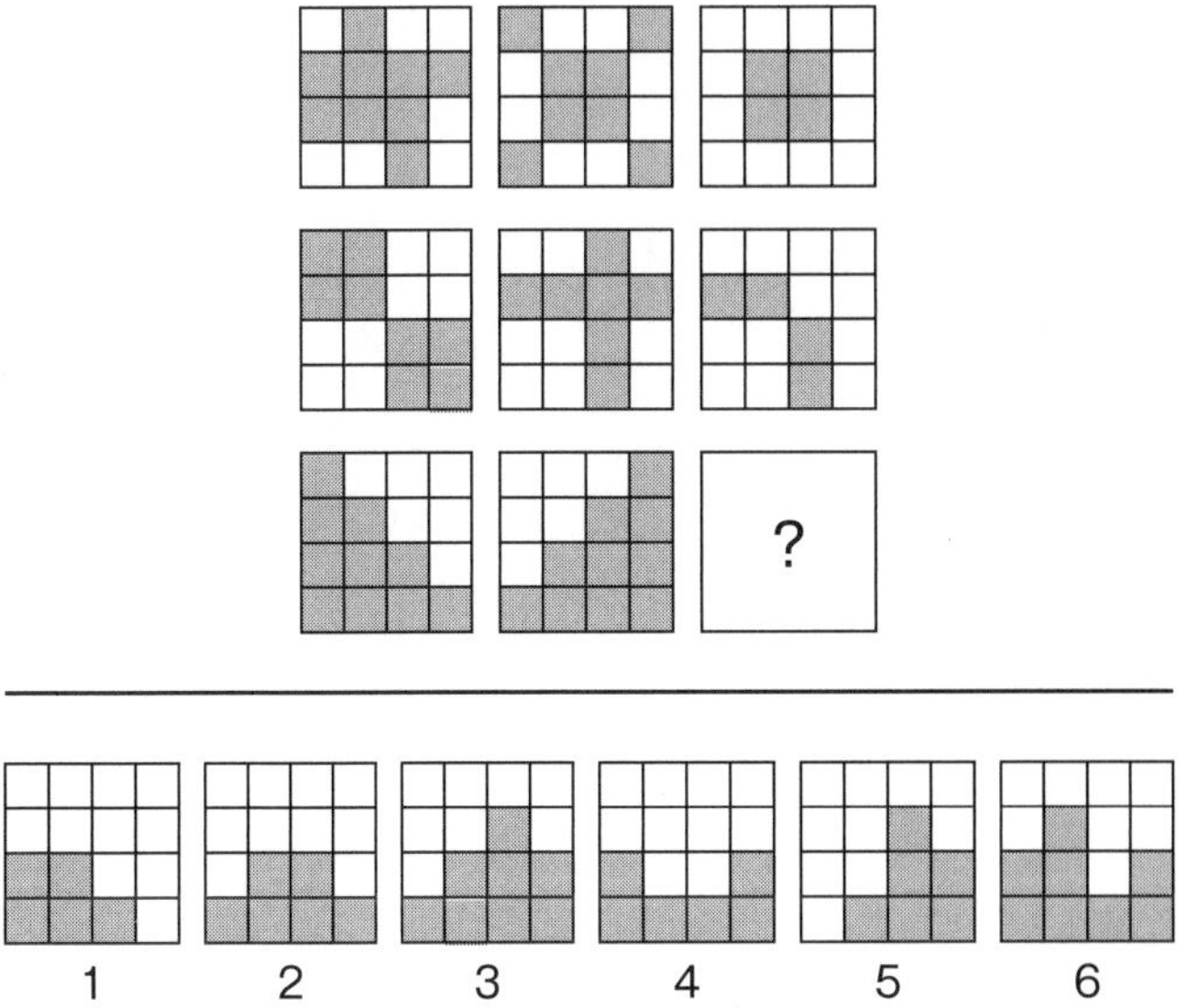

＊答えは本文にあります。

すぐわかってしまったと思いますが、答えは2です。

テストのあと、実験者たちは解答を集め、採点を行います。が、子どもたちには実際の成績は秘匿《ひとく》しておきます。その代わり個別に「あなたの成績は100点満点中80点だ」と全員に伝えるのです。

ちなみに、いつも優秀な成績をとっている子どもの中には「80点で優秀」とはなかなか感じにくい子どももいると思います。そういった例外的な子どもについては167ページで述べます。ここでは平均的な子どもについての分析をご紹介していきます。

テストを受けた子どもたちは、3つのグループに分けられます。そして、成績以外に子どもたちに伝えるコメントを、次のように変えていきます。

◎グループ1　「本当に頭がいいんだね」と褒める。
◎グループ2　「努力のかいがあったね」と褒める。
◎グループ3　何のコメントもしない。

子どもを褒めることが本当に子どもの自信を育て、自己肯定感を高めるのなら、子どもは褒められれば褒められるほど、より難しい課題に挑戦したり、より困難な状況を好んで選んだりしそうなものです。

実験では、子どもたちに知能テストの成績とコメントを伝えたあと、さらに課題を与えます。この場面では、ふたつの課題のうちからひとつを選んでもらいます。

ひとつは難しく、平均的な子どもたちには問題が解けないかもしれないという水準の難易度です。しかし、やりがいがあり、正解に至らなかったとしても何かしらを学びとることができるような課題です。

もうひとつはずっとやさしいもので、さくさくと解けてしまいます。ただ、そこから学べるものはあまりない、という課題です。

3つのグループに分けられた子どもたちは、ふたつの課題のうち、一体どちらを選んだでしょうか？

難しい課題を選ばなかった子どもたちの割合を表にして比べてみます（131ページの表）。

いかがでしょうか。

「本当に頭がいいんだね」と褒められたグループ1の子どもたちは、何も言われなかったグループ3の子どもたちよりも、難しい課題を回避した子どもの割合が高くなりました。褒めることが自尊心を高めると信じてきた人々にとっては、衝撃的な結果であると思います。

「頭がいいね」と褒めたことによって過半数の65%がやさしいほうの課題を選び、難しい課題を避けたのです。「頭がいいね」と褒めることが、子どもたちから難しい課題をやろうとする気力を奪い、より良い成績を大人たちに確実に見せられる、やさしい課題を選択させるという圧力として働いていたと考えることができます。

優秀な人による〝捏造〟〝改竄〟

このあと、子どもたちにはもうひとつ課題が与えられました。今回の課題は非常に難しく、大半の子どもができないようにつくられています。子どもたちにこの非常に難しい課題の感想を聞き、家に持ち帰ってやる気があるかどうかを実験者たちは尋ねました。

ここでも、グループ間には大きな違いが表れました。「頭がいいね」と褒められたグループでは、ほかのグループよりも課題が楽しくないと答える子どもが多く、家で続きをやろう

子どもに対する褒め方と難しい課題を選ばなかった子の割合

	操作	難しい課題を選ばなかった子の割合
グループ1	頭がいいと褒める	65%
グループ2	努力したねと褒める	10%
グループ3	何も言わない	45%

とする子どもの割合も少なかったのです。

しかも、さらに衝撃的なことに、この難しい課題での自分の成績をみんなの前で発表させたところ、「頭がいい」と褒められたグループ1の子どもの約40％が、本当の自分の成績より良い点数を報告したのです。つまり、グループ1の4割の子どもが自分を良く見せようとしてウソをついたということです。

ちなみに、何も言われなかったグループ3では、ウソをついた子どもの割合は約10％でした。

さて、この一連の実験の最後として、1回目と同程度の課題が子どもたちに与えられました。1回目の知能テストでは、どのグループも実際の成績にはほとんど差がなかったのですが、最後に行われたこのテストでは、成績に大きな差がついてしまいました。

「頭がいいね」と褒められたグループ1の子どもたちのほうが、何も言われなかったグループ3の子どもたちより、はるかに成績が悪かったのです。

これは一体どういうことなのでしょうか？

実験者のミューラーとデュエックは、グループ1の操作を行った子どもたちについて以下のような見解を示しています。

◎「頭がいい」と褒められた子どもは、自分は頑張らなくてもよくできるはずだと思うようになり、必要な努力をしようとしなくなる。

◎「本当の自分は『頭がいい』わけではないが、周囲には『頭がいい』と思わせなければならない」と思い込む。

◎「頭がいい」という評価から得られるメリットを維持するため、ウソをつくことに抵抗がなくなる。

この研究のことを思うとき、ふと、「頭がいい」という褒め言葉に直接的にも間接的にもさらされ続ける環境で教育を受けてきた「優秀」な子どもたちは、日本で今、どのようなポジションについているのだろうかと考え込んでしまいます。

〝捏造〟〝改竄《かいざん》〟〝記録の紛失〟〝記憶違い〟が頻発するように見える昨今ですが、これらはしばしば安直に指摘されるような、劣化、などという現象ではないのかもしれません。

たとえばもしかしたら、捏造をしたとして多くの人の口の端《は》に上った科学者も、周囲から、「すごいね」「頭がいいね」と褒められ続け、そんなふうに育ってしまっただけなのかもしれないのです。

挑戦を厭わない心を育てるには？

実験者はグループ1の子どもたちについて、さらに次のような見方を示しています。

◎「頭がいい」と褒められた子どもは、実際に悪い成績をとると、無力感にとらわれやすくなる。

◎難しい問題に取り組む際、歯が立たないと「頭がいい」という外部からの評価と矛盾する。このとき、やる気をなくしやすい。

◎「頭がいい」という評価を失いたくないために、確実に成功できるタスクばかりを選択し、失敗を恐れる気持ちが強くなる。

たしかに褒める教育で育てられたはずの若い世代は、もっと自信を持って積極的に困難に挑戦する人が出てきてもよさそうなものなのに、かえって慎重になり、上のどの世代よりも保守的になっているように見えることすらあります。

海外に出ることを好まず、リスクが高いので恋人もつくらない、経済的な不確実性を抱えることになるので結婚にも消極的である、といった傾向が強まっていることを指摘する声もしばしば耳にします。

一方で、「努力のかいがあったね」と褒められたグループ2の子どもたちでは、ふたつの課題を選択させる場面でやさしい課題を選択した子の割合が10％でした。またそれに続く課題でも難しい問題を面白がり、家に持ち帰ってやりたがり、最後の課題では、どのグループの子たちよりも多くの問題を解いたのです。

褒め方には注意が必要で、その子のもともとの性質ではなく、その努力や時間の使い方、工夫に着目して評価することが、挑戦することを厭《いと》わない心を育て、望ましい結果を引き出す、と研究チームは結論づけています。

ただし、もともとの能力があまりに高くて、平均的な子にとっては難しい問題でも、努力をする必要もなく解けてしまう子もわずかながら存在します。「いつも優秀な成績をとっているために、この実験で言えば80点で『頭がいいね』と褒められても、『80点で優秀』とはなかなか感じにくい」という子どもたちのことです。

こういった例外的な子を、どう伸ばし、どう育てたらよいのか。安易に褒めて、ウソをつき続けるような人生を送らせてしまうのではなく、どうしたら高い能力を生かすことができるのか。引き続き論じていきたいと思います。

なぜ報酬がいいとやる気や創造力が減退してしまうのか

素晴らしいごほうびのある実験

子どもにやる気を出させたいとき、部下に自発的に頑張ってほしいとき、自身を鼓舞したいとき等々、自分も含めて誰かのモチベーションを上げたい、という場面には頻繁に遭遇します。

多くの人はそんなとき、目に見える報酬を用意して、モチベーションアップにつなげようとするのではないでしょうか?

たとえば、子どもには「成績が上がれば欲しいものを買ってあげよう」と伝えてみたり、部下には昇給や昇進を約束したり、自分自身にも「自分へのごほうび」を期して何ごとかを頑張ろうとしたりする、などです。

しかし、この方法は本当に良い方法と言えるのでしょうか?

この問題について、実験的に分析した人たちがいます。スタンフォード大学の心理学者レッパーの研究グループです。

実験は、子どもたちに絵を好きになってもらうにはどうしたらよいか、というテーマのもとに立案されました。子どもたちをふたつのグループに分け、片方のグループには「良く描けた絵には素晴らしい金メダルが与えられる」ということを前もって知らせておきます。もう一方のグループには、メダルが与えられるという話は一切しないでおきます。

この操作のしばらくあとに、子どもたちのグループそれぞれに、実際にクレヨンと紙が渡されます。そして、子どもたちがどれだけ絵に取り組んでいたか、取り組んだ時間の総計と課題に傾ける熱心さを観察します。

すると、メダルを与えると伝えた子どもたちのグループは、メダルのことを何も知らなかった子どもたちよりも、ずっと課題に取り組む時間が少なかったのです。あたかも報酬を与えることそのものが、子どもたちを絵から遠ざけることになってしまったかのような結果でした。

絵を好きになってもらうために、良かれと思ってごほうびを約束したことが、かえって逆効果になってしまったのです。グループを変えて何度実験してもこの結果は変わらず、データには再現性がありました。

なぜ、このような現象が生じてしまったのでしょうか？　この実験を行った学者たちは次のように述べています。

子どもは、「大人が子どもに『ごほうび』の話をするときは、必ず『嫌なこと』をさせるときだ」というスキーマ（構造）をそれまでの経験の中から学習してきており、報酬を与えられた子どもは「大人が『ごほうび』の話をしてきたということは『絵を描くこと』＝『嫌なこと』なんだ」と、報酬そのものの存在がタスクを嫌なこととして認知させてしまう要因になると指摘したのです。

ブラック企業の「やりがい搾取」

これは、子どもに限った話ではありません。別の研究者による実験では、大人の被験者を対象に、公園でのごみ拾いという課題に楽しさをどのくらい感じたか、という心理的な尺度が測定されています。

「目的は公園の美化推進を効率的に行うにはどうすればよいかの調査です」と被験者には伝え、絵を描かせる実験と同様に、この実験でも被験者を2グループに分け、片方のグループには報酬として多めの金額を提示しました。もう一方のグループにはごくわずかな報酬額を提示しました。そして作業終了後には全員に、ごみ拾いがどのくらい楽しかったかを10点満点で採点してもらいました。

すると、謝礼として多めの金額を提示されたグループでは、楽しさの度合いの平均値は10点満点中2点となったのに対し、ごくわずかな報酬額を提示されたグループでは、平均値が8・5点だったのです。

つまり、何かをさせたいと考えて報酬を高くすると、かえってそのことが楽しさや課題へのモチベーションを奪ってしまうということが明らかになったのです。

公園のごみ拾いで高い報酬を提示された人たちは、ごほうびをもらえると言われた子どもたちと同じように「高い報酬をもらえるからには、この仕事はきつい、嫌な仕事に違いない」と考え、楽しさが激減してしまったのです。

逆に、ごくわずかな報酬を提示された人たちには認知的不協和が生じ、「わずかな金額でも自分が一生懸命になっているということは、この課題は楽しい課題に違いない」と自分で自分に言い聞かせるようになったと考えられます。

類似の実験は課題を変えて何度も再現性が確認されていますが、報酬額や仕事の内容によらず、低い報酬を約束された人は高い報酬の人よりも常に頑張ってしまい、課題の成績も良く、しかも圧倒的に楽しいと感じているという傾向が見られます。

この心理が、ブラック企業に利用されているのかもしれません。酷使されても辞めないケースの中には、低い報酬だからという要因も考えられます。

脳から見たやる気にさせる言葉

私自身も疑問に思い、日本テレビ系列の番組『世界一受けたい授業』の制作スタッフに同様の実験をしてもらいました(2018年5月5日放送)。すると、やはり報酬額の少ないほうがその課題を楽しく感じる、という結果に変わりはありませんでした。

人にやる気を起こさせようとするとき、多額の報酬を与えることはほとんど意味がないということがこれでわかります。短期的には馬力を出すための励みになるかもしれませんが、長期的に見ればかえって仕事に対する意欲を失わせる原因になってしまう可能性があります。

人をやる気にさせるのに効果的なのは、その仕事自体が「やりがい」があり、素晴らしいものだとくり返し伝え続けることと、『思いがけない』『小さな』プレゼント」です。予測される報酬ではなく気まぐれに与えられること、しかも少額であることが重要です。多額のものでは、せっかく醸成されたその人のやる気が失われてしまいかねません。

もともと仕事の内容が嫌なものであることが明らかな場合には、現実的な額の報酬を与え、その後、「あなたのような人でなければできない仕事です」などの心理的報酬、つまり承認欲求を満たす言葉を上手に使っていくのが効果的です。

逆を言えば今、給料は少ないし休みもないけれどやりがいがある、という状態にあるとの自覚を持っている人は、一度自分の状態が客観的に見てどうなのかを振り返ってみることが必要かもしれません。


しかし、「報酬を目当てにみんな仕事をしているし、昇給すればうれしいし、言葉よりも具体的な金額として自分の努力が認められるのは幸せなことじゃないか」と、多くの人は反論したくなるだろうと思います。たしかに、ある種の課題では、外的動機づけと呼ばれるわかりやすい報酬が生産性を上げるのに功を奏することがわかっています。

それでは、報酬を与えるのはどんな課題のときがよく、どんな課題のときには報酬を与えてはいけないのでしょうか？

この問いに答えを与えるのが、あまりにも有名な、ドゥンカーのロウソク問題です。私も以前、著書の中で触れたことがあります。

心理学者ドゥンカーが考案したこの実験では、次のような道具を使います。

ロウソク1本、マッチ1束、画鋲《がびょう》1箱。

実験中、被験者に対してひとつの課題が与えられます。ロウソクをコルクボードの壁に固定して、火をつけるというものです。ただしこの課題には条件があり、融《と》けたロウが下のテーブルに落ちてはいけません。また、ロウソクを直接画鋲でコルクボードに固定することもできません（物理的にも難しいです）。

この問題の答えは、箱から画鋲をすべて取り出し、画鋲で箱をコルクボードに固定、そこにロウソクを立てて、マッチで火をつけるというものです。画鋲を入れてあった箱を道具として使えるかどうか、という創造性が求められる課題なのですが、今や有名になりすぎて、創造性を測るテストとしてはもはや使うことができないでしょう。

それはさておき、この課題の被験者をやはりふたつのグループに分けて、片方には多額の報酬を与え、もう一方にはやりがいのみを与えるという条件を設定します。

すると、予想どおり金銭的報酬を与えたほうがひらめくのに余計に時間がかかってしまい、やりがいのみを与えたグループのほうが平均して数分早くこの問題を解くことができたのです。この結果はおそらく多くのみなさんが想像したとおりです。

創造性を上げたいときには報酬を与えてはいけない、むしろ、やりがいを与えたほうが創造性が高くなる、ということがわかりました。類似の現象は多くの分野で実際に見られるのではないでしょうか。

これから子ども世代に必要な能力

さて、この問題には別のバージョンがあります。課題も条件も同じで、ただ画鋲が箱から出されている、という点だけが違うものです。画鋲が箱の中にあるか外にあるかだけで問題の難易度はまったく変わってきます。あらかじめ画鋲が箱の外にあれば、創造性やひらめきはまったく必要なく、課題はただ与えられた材料を組み立てるだけの単純作業になるからです。

では、そうなると実験の結果は変わってくるのでしょうか？

予想どおり、このバージョンでは、報酬を与えられたグループのほうが圧倒的に早く、この課題をやり遂げるという結果になりました。単純なルールとわかりやすいゴールの見えている短期的な課題に限れば、外的動機づけが有効だ、ということが改めて確認されたわけです。

ところで、私たちが経験してきて、子どもにも学習させせようとしているのは、こうした単純な課題に対する応答の速さ、ではないでしょうか？

人的資源を大量に利用し、大量生産が利益に結びついた時代には、単純な課題をどれだけ早くこなすことができるか、が勝負でした。ゆえにそうした人材が求められ、報酬を上げることで生産性そのものもそれに比例して向上したのです。

しかし、現代はどうでしょうか？　われわれやわれわれの子ども世代が取り組まなくてはならないのは、正解やゴールのない問題ばかりです。むしろ、単純作業はどんどん機械に勝てなくなっていくのですから、そんなところを鍛えてもまったくの無駄になってしまうであろうことが容易に予測できます。

人工知能の開発が進めば進むほど、報酬依存型の生産性向上のスキーマは崩壊していくでしょう。その時代にあって、どのようにしたら私たちは創造性を伸ばすことができるのでしょうか？

異端な現代絵画が創造性を高める

ブレーメン国際大学の心理学者フェルスターは、創造性を伸ばすには異端的なものの存在を露わにする現代美術の絵画を眺めると効果があるのではないかと考え、２００５年にある実験を行いました。

特別に印刷された2枚の絵を用意し、被験者をどちらか1枚の前に座らせます。そして、レンガひとつの使い方をできるだけたくさん考えるといった標準的な創造力テストをやってもらいます。

この絵はいずれも1メートル四方であり、12個の十字が黄緑色の背景の中に描かれています。片方の絵の十字はすべて濃いグリーン、もう片方の絵の十字はひとつだけが黄色であとはすべて濃いグリーンでした。濃いグリーンの十字の中にひとつだけ黄色い十字があれば、それはほかの十字からは外れた異端的な何かを示すものと無意識的に被験者に受け止められ、型破りで創造的な思考を促すのではないか、とフェルスターは考えたのです。

すると、フェルスターの思惑どおり、ひとつだけが黄色い十字の描かれている絵の前に座った被験者のほうが、有意にレンガの使い方をたくさん考えることができたのです。また、心理学の専門家は、黄色い十字のある絵の前に座った被験者のほうがより創造的な使い方を考えた、と評価しました。

子どもの創造性を高めたい、社員の創造力をアップしたいと考えるなら、今すぐに異端的な何かを示唆するアートを取り入れるべきだと言えるでしょう。

フェルスターのこの実験は、1998年にナイメーヘン大学のダイクステルホイスとニッペンベルクが行った実験に基づいています。この研究は、暗示効果（プライミング効果）により、人がその暗示に影響される、というものです。

たとえば、パソコンの壁紙に紙幣の画像を使っていると、人はエゴイスティックに振る舞うようになり、寄付を渋ったり、他者との交流を深めようとしなくなったりします。また、ほんの少しだけ石鹸のにおいをつけた部屋にいると人はそれまでよりきれい好きになったり、会議でテーブルにブリーフケースを置くと急に競争意識が増す、ということも知られています。

フェルスターは絵の実験をする前にこんな実験をしています。

過激で反社会性の高い技術者と保守的な技術者の、行動や生き方、外見について短い文章でまとめてもらい、その後に創造力テストを行いました。すると、過激で反社会性の高い技術者について考えた被験者のほうが、はるかに創造性が高くなっていたのです。

日本が13年連続イグノーベル賞

私たちの創造性は、常識や、社会に合わせなければという思いに無意識的に縛られているのかもしれません。遺伝的に社会性が高くなりがちな素因を持つ日本人は、自分の創造性を発揮する前に、社会の一員であることに喜びを感じることが多くなりがちです。

ただ、ひとりになれる場所や、社会性を考えなくてもすむフィールドでなら、その創造性を十二分に発揮できているという現実もあります。時には本家ノーベル賞以上に創造性が求められるイグノーベル賞ですが、その受賞者には日本人が非常に多く、13年連続で受賞するなど活躍が光っています。

肩の力を抜いて個人が自由な創造性を発揮できる分野だからこその結果である、と言えるでしょう。注目された結果、むやみに研究費などが乱発されて、クールジャパンのような大惨事にならないかだけが個人的には心配です。

「すぐに返信しない男」と「既読スルーを我慢できない女」

女性脳は「不安になりやすい」

たとえば恋愛シーンで、男性がなかなかメールの返事をくれないので不安になったり、LINEに既読がついているのに何の音沙汰もないのでイライラしてしまったり、という女性は少なくないようです。

恋愛シーンではなくても、「男性のほうがどうも頼んだ仕事に着手するのが遅いなあ、本当にこの案件を大切に思ってくれているのだろうか」「女性のほうが計画的にきちんと仕事をこなしていくなあ」などという印象を持っている人もいるかもしれません。

もちろん、男性でも綿密な計画を立ててきちんと仕事をする人もいますし、女性でもややおおらかすぎる人もいるでしょう。

ただ、男女でどうも行動パターンに差があるような気がする、という何かがあるとき、これは単なる印象にすぎないのでしょうか？　それとも何か、生理的な現象にその理由を求めることができるのでしょうか？

こうした行動の性差には、「セロトニン」という神経伝達物質が関与している可能性があります。性差の問題はデリケートですから、議論は慎重に行わなければなりませんが、ただ、第一章でも述べたとおり、女性は男性に比べて、セロトニンの合成能力が低いということはPET（陽電子放射断層撮影法）による画像実験で確かめられています。セロトニンは安心感の源になるとされる物質です。

つまり、女性のほうが男性よりも「不安になりやすい」というわけです。

脳内におけるセロトニン合成能力は、男性のほうが女性よりも52％ほど高いということがこのPETによる実験からわかっています。また、セロトニンが不足していることがうつ病の原因になるとも考えられています。

大うつ病性障害に関する複数の論文をチェックすると、男性の生涯有病率が5〜12％、女性が10〜25％であり、共通して女性が男性の約2倍、生涯有病率が高いことが示されています。

セロトニンが少ないことが不安傾向の強さと相関する、ということは、どのような振る舞いの差として表れてくるのでしょうか？

不安感の強さが端的に反映されるのは、リスクの見積もりです。

セロトニンが少ないと不安感が強くなるため、より現実主義的で先々のリスクを正確に見積もり、その結果、できることを先延ばしにしないのです。長い歴史にあって、楽観的になりすぎず、常に危険に対処しようとする傾向が女性にあったことが、われわれ人類が生き残ってくるために必要な条件であったとも考えられます。

なぜなら、女性の不安傾向が高いことによって、その子どもがリスクを回避できる確率が高くなり、より多くの個体が生き延びられるようになるからです。ただし、セロトニンが少なすぎるとうつ病を発症したり、極度の不安にさいなまれてまったく動けなくなってしまったりするので要注意です。

一方、男性はセロトニンの合成能力が高い。つまり、女性と比較すればやや楽観的なので「明日でいいものは今日やらなくてもいい」などと思ってしまい、仕事や頼まれた用事などをすぐにやらない傾向があります。

ところで、子どものころの成績は男性よりも女性のほうが良かった、なんていう記憶を持っている人はいないでしょうか？

この現象もあながち気のせいというわけではなく、不安傾向が強いことと学業成績が良いことのあいだには相関関係が見られる、ということから考えれば、女性のほうがより成績が良くなりやすいのはかえって自然なことでもあるのです。

ただ、高校生になるころには、「女性で成績が良すぎると婚期が遅れる」といった学業成績が良いことへの根拠のないネガティブメッセージを受け取る頻度が男性よりも高くなるなどして「ステレオタイプ脅威」を感じ、無意識的に成績を落としてしまう女性が一定数いるということも根の深い問題です。ステレオタイプ脅威についてはまたのちほどご説明しましょう。

なぜ彼の返信は遅いの？

さて、前述の理由から、男性は女性よりもものごとを楽天的にとらえ、「締め切りはまだ何日も先なのに、どうして今すぐやる必要があるのか」などとタスクの先延ばしをしてしまいがちな傾向のあることが推測されます。

逆に、女性は理屈をこねるよりもまず恐怖感や不安感が先に立ってしまい、「たしかに締め切りはまだ先だけれど、何か突発的なことが起きたりして、仕事相手に迷惑をかけたらどうしよう」と不測の事態のイメージが自然に湧き起こって、比較的コツコツと準備する傾向が強いと考えられます。

こうした男女の違いには前帯状《ぜんたいじょう》皮質の活性化も関係しています。前帯状皮質とは、左右の大脳半球のあいだにある内側面の一部で、左右の大脳をつなぐ太い神経線維の束・脳梁《のうりょう》を取り巻くようにして存在する帯状回のうち前方の一定の部分のことを指します。

女性はこの部分の賦活《ふかつ》が大きいため、相手の気持ちを細やかに慮《おもんぱか》ることが得意で、こうしたら相手が困ってしまうだろうな、相手はこのようにしてほしいのだろうな、と先回りして考え、それを基準に自分の意思決定を行うことに比較的慣れています。

一方、男性の場合は、女性ほど自然には忖度するということに至らず、やや意識的に「忖度しよう」と心理的な負荷を感じながら他者の意図に合わせると考えられます。

自分の好きなことを始めたらそれに集中し、終わるまではあまり邪魔されたくない、チームで何かをするというよりも基本的にはひとりで仕事をしたい、という傾向が男性にはあります。

これが女性には、相手が困ることがわかっていながら、どうして優先順位の高いはずの仕事をすぐにやらないのか、と見えてしまうことがあるのです。

メールやＬＩＮＥなどの返事も同様です。「パートナーである私が返事を待っていることくらいわかってよさそうなものなのに、どうして彼は返事をくれないんだろう？　もしかして私への関心がもうあまりないのだろうか？」と、女性は不安から疑心暗鬼になってしまったりします。

しかし男性側は、特に大した意図もなく、パートナーへの関心が失われたわけでもなく、ただ書くことがないからメッセージを送らないでいるだけだったりするのです。

まめまめしくメッセージを送ってくる男性はほかの女性にもまめまめしくメッセージを送って浮気のチャンスを狙っていたり、嫉妬心からパートナーの行動を縛るようになったり、また関係が悪化してからストーカー化してしまうというリスクが想定されるので、むしろ注意すべき人であるかもしれません。

男性にとってキャバクラとは？

それでは、このような男性に、すぐに仕事や返事をしてほしい場合はどうしたらよいのでしょうか？　男性は女性に比べてより多くの「ドーパミン」を必要とする脳を持っており、快の刺激に対してより中毒になりやすいという特徴があります。特に男性は女性に比べ「社会的報酬」に弱く、他者から評価されることに対してより強い快の感覚を持ちます。

社会的報酬というのは、名誉を得ること、多くの人から称賛されること、有名になること、尊敬している誰かに認められることなど、端的に言えば承認欲求が満たされることによって得られる心理的な報酬を指します。

時には金銭を支払っていることを自ら知っていながらも、男性はそれを求めることがあります。キャバクラなどはそのよい例ではないでしょうか。また、キャバクラでは経済力がそのままその場における社会的地位に相当するので、金銭を支払って心理的な報酬を得るという行為そのものが、社会的報酬として機能しているとも言えます。

多くの女性にとってはばかばかしい行為に見えてしまうかもしれませんが、男性にとってはそれがたとえお金で買ったウソであっても、褒めてもらえるというのは大切なことなのです。「ウソをお金で買える自分である」ということそのものも重要な意味を持つのです。

つまり、このような男性の性質をうまく使ってやれば、仕事や恋愛関係をよりスムーズにする工夫ができるということでもあります。

まず、そのタスクをこなせば承認欲求を満たすことができるよ、という期待感を持たせ、自己効力感（自分を取り巻く環境に対して何らかの働きかけをすることができるという自信）が高まるようなステートメントを多用することで、男性はモチベーションを上げていくことができるでしょう。

もちろん、男性ほどではなくても女性にも承認欲求は存在します。女性は、社会的報酬のあり方が男性によく見られるような社会経済的地位の向上というよりも、誰かに必要とされているかどうかを重要視する傾向がありますから、その点に気をつけて声をかけていくと効果が大きいでしょう。

「あなたがいてくれるからこの職場はまわっている」「君がいてくれるから僕は頑張れる」といったメッセージは、女性を中心として多くの人の心をとらえるでしょう。

ダメと思うだけで人はダメになる

さて、セロトニンの合成能力や脳の一部の構造や機能の性差についてここまで言及してきましたが、生まれつきの性差以上にもちろん後天的に決まってくる部分もあります。

このことを無視して頭ごなしに男性だからこう、女性だからこう、と乱暴に決めつけてしまうと、実際はそうでないのに結果として本当にそうなってしまいかねません。これが先述した「ステレオタイプ脅威」です。

こういう属性を持っている人はこうである、といったステレオタイプをある集団の成員が意識すると、ステレオタイプの内容と同じ方向へとその成員が変化していくという現象は広く知られています。

得意とする課題でも、苦手かもしれないという不安を与えただけで成績は低下する可能性が指摘されています。逆にその不安を取り除いてやれば、成績は回復するということも知られています。

たとえば、白人の若いスポーツ選手であれば、黒人の選手には決して勝てないのではないか、あるいは、女子学生であれば数学では男子学生を上回ることはできないのではないか、というステレオタイプに支配されがちです。

この意識にとらわれてしまうと、潜在的には実力を持っていたとしても、それを発揮できなくなってしまいます。

学業成績に関しては比較的簡単な短時間の訓練を通して不安を取り除き、自信を強めることにより、格差が縮まることがわかってきました。

職場でも「男だからぎりぎりまで仕事をやらない」「返事をしない」などとあまりに言われすぎると、本人が無意識的にその言葉に合わせようとするために、言葉どおりの結果が本当に誘導されてしまうことがあります。

ささいなことのように見えて、意外にパフォーマンスに差が出てきてしまうものですから、性差による違いは性別の特徴をうまく生かした職場づくりに採り入れるにとどめ、特に自分の周りの人にはあまりネガティブなレッテル貼りをしないように注意したいものです。

「超一流」が育ちにくい時代に才能を伸ばす脳の育て方とは？

名優トム・ハンクスも経験を告白

誰もがうらやむような成功をおさめ、世間から高く評価されて、第三者から見て十分な能力を持っている——それなのに、自分自身を信じられない。

自分の実力を自分で肯定できない。

この現象は、優秀な人や社会的に成功した人が多く経験する心理で、1978年に心理学者のクランスとアイムスによりインポスター・シンドローム（Impostor syndrome、インポスター症候群）と命名されました。インポスターとは、英語で「ウソつき」「詐欺師」という意味の言葉です。

インポスター症候群は、インポスター感情、インポスター体験などとも呼ばれます。1980年代前半には社会的に成功した5人のうち2人が自分を偽物であると感じていたという研究があり、これとは別の調査では人口の70％の人々が、人生で少なくとも一度はこの感情を経験するということも報告されています。

この症候群は性別に限定されない現象であるとされ、俳優のトム・ハンクスやエマ・ワトソンもこの感情を経験したということを告白しています。

まさか、と思う方もいるかもしれませんが、『好きな女性アナウンサーランキング』で5連覇を果たしたのち、ついに2018年から「殿堂入り」となった日本テレビの水卜麻美《みうらあさみ》アナウンサーも、しばしばこの感情に悩まされていると、ごく個人的にではありますが、話をしてくれたことがありました。

多くの人に愛される容貌と、気さくで親しみやすい明るい人柄、そしてたしかな実力を兼ね備えている水卜アナ。「殿堂入り」というゆるぎない実績をおさめている彼女にさえ容赦なくこの現象は襲いかかるのだということを知って、はっとさせられました。読者の中にも、彼女がそうした戸惑いを抱えていることをにわかには信じがたいと感じる人が少なくないかもしれません。

「この成功は一時的なもので、他人の目に映る自分の姿は、本当の自分とは違う。本当の自分には、そんなに高い評価は見合っていないのではないか。自分に、実際にそこまでの力があるのだろうか。今の自分の立場や、輝かしい業績に、多くの人は目をくらまされていて、本当の自分を見てもらえていないような気がする。なんだか自分がみんなを騙しているような気がする……」

こんなふうに打ち明けられたら、その内観と、世間から見た評価とのあまりの乖離《かいり》に、多くの人は驚いてしまうのではないかと思います。むしろ、そんな自分の声に素直に耳を傾けることのできる水トアナだからこそ、にじみ出るまっとうで正直な人柄に、多くの人が彼女を応援したいという気持ちになるのでしょう。

成功も実力も虚像と感じる苦悩

この症候群にある人たちは、高い能力があり、それを示す客観的な証拠もあって、誰からも信頼され、業績も十分あるのに、自分はインポスターで成功に値しない、という考えを消し去ることができません。自らが達成した業績を心から肯定することができないのです。

そして、自分の成功は「単なる幸運」や「タイミング」のせい、あるいは「自分に実際より能力があると他人が何らかの原因で信じ込んだ」おかげでたまたま手に入れたものなのだ、と考えてしまいます。

この感情のやっかいな部分は、以下のような点にあると言えるでしょう。

第三者的な評価がいかに素晴らしいものであっても、それを無邪気に信じることができないために、インポスター感情を持つ大多数の人は、こんなふうに感じています。

「自分では自分の実力を正確に評価することができない。人々が見ているのは自分の『虚像』にすぎない。しかしこの不確かな『虚像』を基盤として自分の生活は成り立っている。収入も、立場も、社会における地位も、家庭も、ひょっとしたら友人関係でさえ、その『虚像』なしには成立しない。だから、たとえウソをついているような苦しさがあったとしても、その『虚像』を、自分からは崩すことができない……」


インポスター症候群は、疾患や障害というわけではありません。特定の出来事や外因に対する正常な心の反応だと考えられています。ただスタンダードな定義を持たないため、その対処法については多くの研究者間でも、合意のある標準的な方法がない状態です。

しかし、この症候群にある人は不安やストレス、自尊心の低さ、抑うつ、恥の感覚、適切な信頼関係を築くことへの困難さなどに苦しめられており、自分なりの対処法の提案をしている人もいます。

インポスター症候群を緩和するには、キャリアの早い段階から、このトピックについて話し合うことが最も有効であると考えられています。インポスター体験をしやすいときに、経験者の助けを借りて自らの状況や感情について話すことができれば、「孤独」や「ウソをついている感じ」による苦痛を和らげることができるでしょう。

通常、インポスター体験を持った大多数の人は、こんな恥ずかしい感情は自分だけが経験するものだと考えているために、ほかにも同じ体験をする人がいるなどとは思ってもみなかったと言います。潜在的な劣等感が想像力を妨げてしまうのでしょう。

褒める教育が失敗を隠す温床に

インポスター症候群は男女問わず見られるものではありますが、女性の場合は勤勉さによって自分の劣等感を克服しようとする傾向が顕著に見られるのと対照的に、男性では、新しい経験に飛び込む勇気に乏しく、探求心に欠け、失敗や間違いを恐れ、他人からの否定的意見を回避する傾向が強くなります。

また実際に失敗や間違いを犯した場合には、それが発覚するのを極度に避けようとします。

時には失敗や間違いを犯してしまった自身の「本当の姿」を知られないようにするために、隠蔽工作や記録の改竄など、しなくてもすむはずの虚構の構築に必死になって手を染めてしまったりするのです。

女性では自分を過度に責めて勤勉さに拍車がかかり、オーバーワーク気味になるのとは対照的な感もあります。ただなぜ男性にこうした傾向が多く見られるのか、性差が生じる理由は今のところよくわかっていません。

先に、子どものもともとの才能——頭の良さ、運動能力、芸術的なセンスなど——を褒めてしまうことで、子どもは失敗を恐れ、困難な課題への挑戦を避けるようになると述べました。さらに驚くべきことに、この操作（無批判に素質を褒める）を受けた子どもの約40％が、自分の失敗を隠すためのウソをつくようになる、という研究報告も紹介しました（131ページ）。

おそらく多くの大人は、良かれと思って、こうした働きかけ（子どもの素質をただ無批判に褒めること）をしてきているのだろうと思います。まさか、子どもをスポイルするために、ひたすらその子の素質を褒めて褒め殺しにする、などということを企む大人はいないでしょう。いたとしてもかなり特殊なケースでしょう。

しかし、この「子どもの素質をただ無批判に褒めること」がここまで説明してきたインポスター症候群の原因になる可能性があります。

インポスター症候群で、特に男性に出やすい特徴をもう一度、見直してみましょう。

◎新しい経験に飛び込む勇気に乏しい。
◎探求心に欠ける。
◎自分の実力がどの程度なのかを知られまいとする。
◎他人からの否定的意見を回避する。
◎失敗や間違いを恐れる。
◎失敗や間違いを犯した場合は発覚を避けようとし、そのためにウソをつくこともある。

いかがでしょうか？

無条件にその子を褒めて育てる、という方法は一見いい育て方のように思えるのですが、もし、子どもがいずれこのような特徴を持つ原因をつくってしまっているとしたら、とても残念な結果です。

優秀な人ほどインポスター症候群にかかりやすい、というのは、そのもともとの能力の高さゆえに、無条件に褒められる経験が多くなってしまうことが原因でしょう。

優秀な人にとっては、平均的な教育環境で与えられる課題の多くは、何もしなくても良い点数がとれるものでしょう。つまり、もともとできてしまう人（優秀な人）は、平均的な環境の中で育ってしまうと、本当に自分が工夫したり頑張ったりしたことはめったに褒めてもらえないのです。そればかりか、その工夫を理解すらしてもらえないことがほとんどかもしれません。

平均的な学力の子どもなら努力を褒めてもらえるような課題でも、何もしなくても「良い点数」をとることができてしまう。するとどうしても、いつも「頭がいいね」と褒められることになってしまいます。

126ページ以降でご紹介した研究は、「頭がいいね」と褒められた子どもは課題を遂行する意欲を失い、失敗を隠そうとウソをつく傾向が高くなるというものでした。優秀な子どもほど「頭がいいね」と褒められてしまうのなら、優秀な人ほどインポスター症候群にかかる傾向は高くなってしまう、というわけです。

つまりもともと高い能力を持っている人で、失敗を恐れ、ウソをつく人の割合がより高くなる背景の一因には、こうした「子どもの素質を無条件にただ褒める」教育もあるということができるのです。

「頭がいいね」の圧力

それでは「頭がいいね」とその素質を褒められたとき、子どもはどのように考えているのでしょうか？

子どもには「『頭がいい』と思われているのなら、その評価を変えないように振る舞わなくてはならない」という心理的な圧力がかかります。

これは子どもばかりではなく、大人にも働く力です。「いつもおしゃれですね」と言われると、そう言葉をかけてくれた人の前ではだらしない格好ができなくなってしまったり、「いつもやさしいですね」と言われると、その人には親切に振る舞わなければならないように感じたり。この現象はラベリング効果と呼ばれることもあります。

つまり「頭がいい」と褒められると、「頭がいいと思われているのなら、期待されているとおりの結果が出るような課題を選ぼう」という考えを持つようになり、難しい課題に挑戦しにくくなってしまうのです。

さらに、「期待されているとおりの結果を見せられないことで相手を失望させたくない」

と考えるので、期待されているとおりの結果を報告する＝ウソをつく、という行動が起こりやすくもなるのです。

この研究は、80点は良い成績である、という前提で進められています。しかしいつも優秀な成績をとっている優秀な子どもたちは「80点が良い点数」とはなかなか感じにくい。このことは128ページで指摘したとおりです。

自分では良い点数をとっている実感がなく、努力や工夫が認められることはなく、ただなんとなく褒められてしまう。人よりもやすやすとできてしまうのに、常に「才能があるね」と褒められ続ける。80点で満足できないような優秀な人たちほど、インポスター症候群に陥る可能性がより高いことの理由には、こうした背景があると考えられます。

才能を伸ばす名将の褒め方

それでは、才能はどうやったら伸ばすことができるのでしょうか？

どうしたら「困難への挑戦を喜び、創意工夫を楽しんでいくことができる人」に成長させてあげられるのでしょうか？

子どもに限った話ではなく、「人材を育てる」という観点からも、これは重要な課題と言えるでしょう。

素質をただ無条件に褒められた子が挑戦を厭うようになる一方で、努力や工夫を褒められた子どもは、困難を喜んで受け入れ、自分の失敗をむしろ学びと考える傾向が高くなったという結果から単純に導き出せるのは、「その人の努力や工夫に焦点を当てて褒めていこう」という原理です。

しかし、具体的にそれを現場に適用していこうとなると、これほど難しいこともないだろうと思います。能力や性格が一様であれば、成果だけを見てそれを努力と工夫の証とし、褒めていけばこと足りるのですが、人は多様で、ひとりとして完全に同じ人は存在しません。

一卵性双生児ですら、非常に似通っていながらも独立した才能を持ちます。こうした条件のもとでひとりひとりの努力と工夫を丁寧に観察し、褒めていくとなると、かなりの時間的コスト、心理的コストがかかるでしょう。

それを適切に評価できる人材もまた、常に豊富にいるわけではなく、まずその育成から始めなければならないと考えると、「人づくり」(賛否両論ある表現ではありますが)というのは気の遠くなるような道のりのように思えてくるかもしれません。

創意工夫や努力を褒める、を具体化するときに参考になるのは、やはり具体例になるかと思います。私ごとで恐縮ですが、私自身が受けた教育についてお話ししましょう。

私も、80点では良い点数とは感じられない子どものひとりでした。自分にとって良い点数をとってはいないのに、しかも何の努力もしていないのに、他の人からは褒められてしまう。ちょっと悪い点数をとっておいて、次に成績を上げると褒めてもらえる。

何の努力もせずにもともとできてしまうより、努力をしている人のほうが価値が高いような気がして、「努力したね」と言ってほしいがために、わざわざそんなことを企図するようなこともありました。

そんな中、中学のときに一風変わった試験をする先生がいました。科目は理科でしたが、先生の試験では、正解のある問題はいつも30点分（つまり、これだけとれれば赤点にはならない）だけ出題されるのでした。

残りはすべて記述式の問題で、正解がないのです。たとえばどんな問題なのかというと、「ヒトはなぜヒトになったのか」「宇宙の全容はどのようになっているか」など、考えようによっては大学でその分野の専門の教授職にある人でも答えるのが難しいような問題です。

先生は、生徒ひとりひとりの答えに対して、一律には採点しませんでした。中学生の水準をはるかに超える知識があって、それを駆使して答えたとしても、満点になるとは限らないのです。一方で、小学生用のなぞなぞの答えのような解答でも、先生がそこに工夫と新しさを感じれば、独創的で面白い、として満点がもらえることもあったのです。

それでも私の知る限りえこひいきという不満が出ていなかったのは、先生が生徒ひとりひとりの性格や性質をよく把握していて、その解答がその子らしいウイットや洒落を利かせた答えであるかどうかを適切に判断できたからでしょう。

私にとってうれしかったのは、どんなに専門的な単語をちりばめて理路整然と答えを書いても、どこかで見たような「模範解答」をそのまま書いているような内容では、先生は評価しなかったことでした。

ほかの大人たちなら驚いて「すごいね」「頭がいいね」と言うような答えでも、私の到達度を先生はよく知っていて、私ならもう少し創意工夫ができるはずだと、満点にその分だけ足りない点数をつけたのです。

その点数のつけ方に、私は非常に満足したことを記憶しています。そしてまんまと私はその戦略にハマり、熱心にアドバンスト（高度・上級）な勉強をするのは理科ばかり、そのほかの科目はそれなりに、という学習スタイルになっていきました。

これと似たようなテストをする人の話をつい最近知りました。ご紹介したいと思います。江本孟紀《えもとたけのり》さんの『野球バカは死なず』（文春新書）という書籍の中に出てくる野村克也《のむらかつや》さんのエピソードです。

南海ホークス（福岡ソフトバンクホークスの前身）当時の野村克也監督は、選手にペーパーテストを受けさせせることがあったそうです。しかし、テストのあとで評価基準を聞いてみると、正解かどうかは二の次で、「少々間違っていても、一生懸命考えて、たくさん書いてくるほうが、ワシは好きや」とおっしゃっていたというのです。

江本さんは、「要するに、物事に向き合う姿勢を、テストされていたことになる」と述べていますが、野村監督はその選手の知識量や「頭の良さ」を褒めるのでなく、「努力」と「工夫」とを褒めたのです。「再生工場」と呼ばれた野村流の才能の伸ばし方は、科学に裏づけされたものでもあったわけです。

20代までも成長し続ける脳が味わう試練と、その助け方

夏休みの終わりがなぜ危険か

長い休みが終わるとき、子どもに異変が起き始めます。体調を崩し、情緒不安定になり、攻撃的になったり押し黙ったりします。一年で最も子どもの自殺率が高くなるのは8月の終わりだといいます。

たしかに日曜の夜には大人でもネガティブな感情を抱えることがあるのですから、もう少ししたら学校だ、となれば憂うつな気持ちが強くなるのも理解できます。けれども、子どもの脳には大人よりもずっとこのストレスが重くのしかかっているのです。

多感な年ごろ、と言われる思春期から10代終わりごろにかけての子どもたち。彼らの脳は、文字どおり実際に「多感」です。大人の脳とは情動の処理の仕組みが違うからです。

10代の脳は合理的な判断をしたり情報を適切に処理して冷静に行動したりするには、まだ成熟度が足りません。クレバーで冷静そうに見えていたとしても、脳はあふれんばかりの情動でいっぱいになっていたりします。

単に顔色や振る舞いに表れていないだけで、その子が冷静で落ち着いていると判断すると、子どもが本当は受け取ってほしいと思っているSOSを見落としてしまう可能性があります。

不安を増幅する子どもの脳

子どもの脳が大人の脳と特に異なる点は、ストレス耐性です。子どもの脳は大人と比べるとずっとストレスに弱い。その特性から、不安障害にもなりやすいと考えられています。

それなのに、現在の大人たちが子どものころよりもずっと多くの情報を処理しなくてはならず、時には脅威となる情報を含む所属集団からの有形無形のメッセージに晒され続け、その影響下で生き延びなくてはなりません。

ニューヨーク州立大学のシェンが2007年にネイチャー・ニューロサイエンス誌に発表した研究によれば、THPというホルモンが脳内で果たす役割が大人と子どもでは違うのだといいます。THPはストレスを受けると放出されて、大人の脳ではこれが不安を抑える働きを持ちます。

しかし、子どもの脳では逆に働いていたのです。THPは不安を抑えるどころか、むしろ増幅させていることがわかったのです。子どもの脳では、ストレスを感じると不安がより大きくなってしまうということになります。

性ホルモンの影響も大きいと言えます。

思春期を迎えると急激に性ホルモンの分泌が盛んになり、女子ではエストロゲンとプロゲステロン（女性ホルモン）の、男子ではテストステロン（男性ホルモン）の濃度が高まります。女性ホルモンの濃度は月周期で変動して女子の感情の起伏を激しくし、不安と過剰なテンションの高さを行ったり来たりさせます。

男性ホルモンは男子の攻撃性と性衝動を高めてしまいます。情動を司る脳機能部位である扁桃体には、これを受け取る受容体が集中しています。扁桃体は恐怖を感じ、相手と闘うか、それとも逃げるか（Fight-or-flight）反応を起こす場所です。

不安を感じやすく、感情の起伏が激しく、攻撃的で、性衝動に振り回されます。この脳を制御したり、自分や自分の置かれた状況を客観視するためのコントロールセンターはまだ、この年齢では成熟していないのです。大人はその声を拾って、未成熟な機能のサポートをする必要があるケースも多いでしょう。

若者の脳の完成度は80％

10代は「若気の至り」と言われるほど衝動的で計画性に欠け、後先考えず危険な行動に走りやすく、感情を抑えることが大人に比べると難しい。集中力や根気がなく、イライラしやすく、誘惑に弱いものです。

とはいえ、本稿を読まれた10代の読者、もしくはその養育者の方に、自分または子どもにこうした性質が当てはまっても、多くの場合心配はいらないとお伝えしておきましょう。10代の脳とはそういうものだからです。これらを制御するコントロールセンターは20歳になってもまだ建設中なのです。

かつては、10代で脳の成長は終わり、20歳ごろに完成してその成長のピークを迎えたあとは、ゆっくりと機能が衰えていくのだと考えられていました。神経細胞が死んで脳は少しずつ萎縮を続け、再生したり鍛えたりすることはできないのだと信じられていました。

しかし、近年の知見は従来の通説を覆し続けています。

成人後にも神経細胞が新生することがわかり（逆の主張をする文献もありますが）、さらに20歳前後の脳は完成するどころか、かなりの部分が未成熟な、いわば「子どもの脳」であるということも示されました。この年齢では、まだまだ判断力も知的能力も成長を続けている最中だということが明らかになってきたのです。

中でも、知的能力を担う前頭前野と、情動の座である扁桃体は未熟であり、20代になっても成長は続いていきます。

10代の脳では、灰白質《かいはくしつ》は育っていても白質が足りません。灰白質というのは神経細胞の細胞体の集合した部分のこと。白質というのは細胞体から延びる軸索《じくさく》と呼ばれる長い線維が集まった部分で、神経細胞同士を結ぶ配線の集合体のことです。

白質は白く見えるから白質という名がつけられているのですが、白く見えるのは、神経線維がミエリンという脂肪でできた鞘《さや》に覆われているためです。この脂肪の鞘（ミエリン鞘《しょう》）ができていくと、神経細胞同士を伝わっていく電気信号の伝達速度が格段に速くなります。脳が十分に機能を発揮するためにはこのミエリン鞘が発達、つまり神経線維がミエリン化している必要があるのです。

ミエリン鞘が発達している脳の撮像をすれば、白質は分厚く写ります。灰白質に比べて白質が薄い子ども・若者の脳は、神経細胞の数そのものは十分にあるのですが、まだ配線ができあがっていないということになります。その完成度は大人の5分の4程度。20％は未完成、ということです。

「学習→即睡眠」の驚くべき効果

学習のあとに睡眠・休息をとることが、学習効率を上げるのに一役買っている、という研究をどこかで読んだことがある人も多いかもしれません。実際、未知の新しい単語を覚えさせるのに、学習直後に睡眠をとらせた群とそうでない群とでは、テストの成績が変わってしまいます（成績が良かったのは睡眠をとらせた群）。

人間だけでなく、動物実験でも同様の効果が認められています。ラットを2グループに分けて迷路に放り込み、その後睡眠をとらせるグループととらせないグループに分けます。すると、とらせたグループのほうがより迷路の道順を覚えているのです。

学習後に睡眠をとることで、神経回路そのものにはどんな変化があるのでしょうか？

神経細胞はシナプスと呼ばれる接合部位で、別の神経細胞に接続されています。ただ、それで神経細胞同士は直に接着しているのではなく、1ミクロンにも満たないほどのごくわずかな隙間を介して連絡していて、この隙間はシナプス間隙《かんげき》と呼ばれています。
神経細胞の長い脚（軸索）を伝わってきた電気信号は、このシナプス間隙を飛び越えることができません。シナプス間隙を越えて情報が伝わっていくのに、神経伝達物質が使われます（一部、化学物質を使わないシナプス〈電気シナプス〉もありますが、説明を簡単にするためにここでは電気シナプスの説明は省略します）。

さて、シナプスで接続された神経細胞同士を同時に刺激すると、ふたつの神経細胞間の信号伝達が持続的に向上するという現象が起きることがあります。これをシナプスの長期増強（Long Term Potentiation、ＬＴＰ）と言い、脳における記憶・学習の重要な過程であると考えられています。

迷路を走らせたラットの脳を見てみると、１日睡眠を奪われたラットは、自由に眠らせてもらえたラットに比べて、ＬＴＰの度合いが低くなっていました。つまり、睡眠をとらないと、記憶・学習ができにくくなることが神経回路レベルで示された、ということになるでしょう。

睡眠研究の第一人者であるブラウン大学のササキによれば、ピアノの運指を練習したあとすぐに睡眠をとらせる被験者と2時間後に睡眠をとらせる被験者に分けると、すぐに睡眠をとらせた被験者のほうがより早く正確に弾けるようになったといいます。さらに、睡眠時にも脳が活発に活動しており、睡眠が学習に重要な役割を果たしていることが明らかにされました。

睡眠を充分にとることができなくても、植物園における数十分の散歩が良い効果をもたらす可能性が示唆されています。植物園を散歩させる群と、交通量の多い通りを散歩させる群に分け、認知テストの成績をその前後で比較すると、植物園を散歩させたほうでは成績が向上していたそうです。

始業を遅らせてみたら成績が向上

勉強を熱心にしている子の姿を見ると、親としては安心するかもしれません。ですが、子どもの脳のことを考えると、勉強に注力するあまりに休息と睡眠が不足してしまうことはよろしくありません。将来的には子どもの脳の成長を阻害し、脳が充分に育たない遠因となってしまう可能性があるのです。

10代の子どものクロノタイプ（睡眠のリズム）は大人と比べると後ろ側にずれています。

これは、メラトニンの分泌が大人よりも2時間遅いためです。

メラトニンは人間の体内で合成され、睡眠を誘導するホルモン。分泌が遅いだけでなく、子どもの体では分解も遅いのです。10代の子どもが朝なかなか起きられないのはそのためです。子どもの脳ではずっと睡眠を誘導するホルモンが残り続けてしまっているからです。

そんな状態で子どもを早起きさせてしまうと、子どもの脳は睡眠不足になってしまいます。睡眠時間そのものも、子どもは大人よりもずっと多く必要とします。大人の脳に適した睡眠時間は7～8時間と見積もられていますが、アメリカ疾病対策予防センターは、10代の子に必要な睡眠時間は8時間半から9時間半だと推奨しています。

子どもが朝起きられず、昼もうとうとして、夜に活動的になるのは仕方のないことなのです。安易に大人の感覚や生活習慣に合わせようとして、子どもの脳が発達する機会を奪ってしまってはいけません。

実際に、アメリカではミネソタ州やケンタッキー州で高校の始業時刻を1時間程度遅らせたところ、生徒の成績が有意に上がったという興味深いデータが得られています。

また、生徒のうつ病の罹患率も低下したといいます。さらに、試験の開始時刻を2時間遅らせて午前10時開始とした高校では、平均点が向上するという効果が見られました。

放課後の課外活動に影響があるのでは、という批判に応じるため、運動選手の競技成績についても調べたところ、こちらもかえって向上していたということがわかりました。始業を遅らせると困るのは、子どもではなく教師や親ではないのか、という考察がされています。

この一文が、ただでさえストレスに弱い未成熟な子どもたちの脳の助けに、少しでもなることを願っています。そして、その適切な発達を誘導する一助になればと思います。

第4章　「幸福度が低い」わけがある　～脳の多様すぎる生存戦略

日本人の脳をつくったのは、環境か遺伝子か?

性格も遺伝で決まる?

日本人の脳、というと、日本人が生まれながらに特殊な印象を与えると思いますが、そうではありません。ある型《タイプ》の脳の持ち主がほかの国に比べて多い、というほどの意味です。

ところで、「カエルの子はカエル」という慣用句があります。フランス語にも同様の意味で使われるLes chiens ne font pas des chats(犬は猫を産まない)という表現が、英語にもLike father, like son(この親にしてこの子あり)という成句があります。いずれも「子どもは外見だけではなく嗜好や言動も親に似る」という意味を持った言い回しです。

こうしたフレーズが複数の国で、それぞれ独自の表現として成立してきた、ということは、同様の現象が洋の東西を問わず広く観察されてきたということを示すものでしょう。

子どもは両親の遺伝子を半分ずつ受け継いでいます。父母どちらから受け継いだものがより発現しやすいのか、形質によって差はありますが、「髪にくせがある」「お酒に強い」など、子の容姿や体質が親に似てしまうのはみなさんもよくご存じのとおりでしょう。

ただこうした形質ばかりでなく、性格的な部分も、子は親に似てしまうように見える例がしばしば観察されます。性格とは、遺伝的に決定されてしまうものなのでしょうか？　それとも、親からの育てられ方や環境によって決まるものなのでしょうか？

『サイコパス』でも解説しました米国のジェフリー・ランドリガンという犯罪者の例を見てみましょう。彼は１９６２年生まれですから、そう昔の人物というわけではありません。

ジェフリーは生まれてすぐに養子に出され、それなりに裕福な環境で育てられました。ジェフリーは、感情の制御ができず、すぐに癇癪《かんしゃく》を起こす子どもでした。

また、惑溺しやすい質《たち》でもあったようで、わずか10歳で酒びたりになってしまい、11歳になると強盗事件を起こして逮捕されました。その後は、薬物中毒になり、殺人を犯して収監されますが、脱獄してさらに殺人を犯し、再逮捕されてしまいます。

死刑囚としてすごしていたアリゾナで、同じく収監されていた囚人から、ジェフリーは「アーカンソーでお前とよく似た詐欺師に会ったよ」という奇妙な話を聞きます。外見ばかりでなく、言動もジェフリーによく似ていたというこの人物こそ、彼の実の父親だったのです。この人もまた、薬物の常習者で犯罪を重ねており、脱走歴もあったといいます。

さらには、そのまた父親、つまりジェフリーにとっては祖父に当たる人物も、同じように強盗事件を起こし、ジェフリーの父親の目の前で射殺されていたのです。

犯罪心理学者のレインは、双子を対象とした研究の結果、子どもの反社会的行動の40%から50%は、遺伝によって説明できると主張しています。さらに、両親、教師、同世代の友達という3者の情報提供者の評価を平均して、対象となる子どもが実際どのように行動しているかを抽出したところ、環境要因はわずか4%にすぎず、残り96%が遺伝によるものであったとしています。

また、同じく心理学者のメドニックは、デンマークにおける養子の犯罪を調査し、犯罪者を実の両親に持つ養子が成人後に犯罪者になる割合は、非犯罪者を実の両親に持つ養子よりも高いとしています。

イギリスのユニバーシティ・カレッジ・ロンドン発達精神病理学教室教授のヴィディングが双子の幼少期の成長に関する研究をし、顕著にサイコパス的な特徴を持つ双子の反社会的行動は遺伝の強い影響を受けており、要因の81%が遺伝性である、としました。

ただ、こうした調査結果は注意深く取り扱う必要があります。この本を読まれた方も、人権への配慮ということを念頭に置いて情報を取り扱っていただけたらと願います。

幸福度と遺伝の関係を双子で調査

さて、反社会的傾向に関するデータばかりでなく、幸福の感じ方（幸福度）といった一般的には数値化しにくいと考えられている尺度についての調査もあります。

個人の幸福度には遺伝的な影響があるのでしょうか？　あるとすればその影響はどの程度なのでしょうか？

行動遺伝学者のリッケンとテレゲンらのグループによって行われた「幸せな双子の研究」と呼ばれる有名な双子研究があります。彼らはミネソタ双生児登録からデータを入手し、ミネソタ州で生まれた双子たちを追跡調査しました。

その結果、一卵性双生児のうちのひとりの幸福度を調べれば、もうひとりの幸福度の値がほぼ推定できる、ということがわかりました。一卵性双生児の幸福度は、環境が違っていても似通っていたのです。また環境要因として、収入額、配偶者の有無、職業、宗教などについても調査されています。

収入額が幸福度の変化に与える影響は２％以下、配偶者の有無が与える影響は１％以下でした。職業、宗教の影響が小さいことも明らかになりました。

二卵性双生児のデータを見てみると、一卵性双生児とは異なり、お互いの幸福度はあまり似通っていませんでした。このデータは、幸福度はひとりひとりあらかじめ遺伝的に決まった設定値が受け継がれているのであり、環境要因の影響を受ける部分はごくわずかである、という主張を支持するものです。

「幸せな双子の研究」から、一卵性双生児の幸福度がほとんど同じであり、環境要因の影響を受けにくいということがわかったわけです。ほかにも多くの双子研究が行われていますが、その結果から、双子について研究している近年の研究者たちは「幸福度は少なくとも50%が遺伝的に決まる」と考えています。

膨大な双子研究のデータには、一卵性双生児であるけれども幼いころにひとりが養子に出され、別々の家庭で育った、という条件の被験者の情報も含まれています。まったく異なる環境で、お互いの存在さえ知らなかったのに、学校の成績や職業、乗っている車の車種、好きなタバコの銘柄、離婚歴、果ては妻と子どもの名前（好きだから名づけた）まで一緒だった双子の例も知られています。

ものごとに対する感じ方や考え方の大きな部分が遺伝する（遺伝の影響を大きく受ける）というのは非常に興味深い知見と言えるでしょう。

真面目さが日本人の長寿の秘密？

このことを前提とすると、毎年のように話題になる国連の世界幸福度報告での「日本人の幸福度の低さ」についても、対応策の講じ方が変わってくるはずです。その生理的な特質により、日本人の幸福度は、ある一定以上に高めることは難しい、ということをあらかじめ知ったうえでなければ、多くの努力は無駄になってしまうことでしょう。

そもそも幸福度が高くなりにくい性質をわざわざ保持している人たちがマジョリティとなるような集団では、幸福度が高いことが生存に不利になる可能性があることを考慮すべきです。

にもかかわらず、あえてそのありようを変更させて幸福度を高めてやろうとするのは、せっかく環境に適応している個体に対して、外部から無茶な操作を加えてバランスを崩すということにもつながります。

「『幸福』にしてやろう」とその個体に強制的に生存・繁殖上、不利益となる行動をとらせようとするのは、非常に極端な言い方をすれば、非人道的な行為とも言えるわけです。

さて、反社会的行動を促進する形質や、幸福度を高める形質については、詳細は別の機会に譲るとして、これらは「性格遺伝子」と一括りに呼ぶことのできる、脳内に分泌される神経伝達物質の動態を決める遺伝的資質によって、かなりの部分が決まっています。

たとえば反社会的行動であれば、ブックホルツとマイヤー、またニルソンらによる研究から、モノアミン酸化酵素（ＭＡＯ）の活性の違いによって説明できることが示されてきました。活性が低いタイプのモノアミン酸化酵素の遺伝子を持っている人ほど、放火やレイプなど、衝動をコントロールする力が欠如していると考えられる性質を持っていたのです。

また、幸福度の高さに関しては、どれくらい陽気で楽観的な性質かと言い換えてもよく、セロトニンの動態と深く関係しています。また真面目で慎重であることと悲観的であることも同じ生理的基盤を共有していると考えてよいでしょう。

セロトニンの動態に関しては、セロトニントランスポーターが少ないという日本人はやや特異的な性質を持った集団ということができます。真面目さや幸福度の低さにかかわる性格遺伝子に着目すると、世界的に見ても特色のある割合になっているのです。

どちらかといえば悲観的になりやすく、真面目で慎重であり、粘り強い人たちであることを示す遺伝的性質を持っています。

ところで、幸福度を高めてやることがその人の寿命を縮めることになりかねない、という考え方はパラドキシカルで、やや奇異な感じがすると思いますが、私は個人的にこのパラダイムを非常に気に入っています。

この考え方を支持する根拠となる、スタンフォード大学のターマンのリサーチがあります。1921年に開始され、80年のあいだ調査が続けられ、弟子のフリードマンがその研究を完成させたものです。研究では、10歳前後の児童1528人を対象に性格を分析し、その後どのような人生を歩んでいるのか、5～10年おきにインタビューが行われました。

その結果、まずは定期的な医療検査や適度な運動、サプリメントや緑黄色野菜の摂取などは長寿に関係ないことがわかりました。肉体的な健康を保持するための努力はあまり意味がなかったということでしょう。

一方、長寿者には共通する「性格」が見つかりました。良心的で、慎重であり、注意深く、調子に乗らない。いわば真面目で悲観的な性格を持っていることが、長寿との相関が高かったのです。

逆に、長寿でなかった人に共通するのは、陽気で楽観的であるという性格でした。調査では2001年の段階で、男性の70％、女性の51％が他界していましたが、この真面目さのスコアの低い人が最も多く亡くなっていたのです。

このデータが示しているのは、本人にとってはつらく感じられるかもしれない「真面目で悲観的な性格」が、実は本人の命を守るための性質であった、というごくごくシンプルな事実です。慎重で、リスクをきちんと見極め、それを回避できる能力を持っている、ということが長く生き残るためには重要な性質である……考えてみれば当たり前の話かもしれません。

ただ、私たちの脳は、そんな単純なことさえ冷静に考えてみることが難しいほど、日々のタスクに追われ、ひとつひとつの出来事に翻弄されてしまいます。

瞑想が大脳新皮質の容積を増やすという研究もあるようです。時には、遠くから自分のことを客観的に見つめ、自分の心の動き、脳の働きについてしみじみと思いをめぐらせる時間を持つのも悪くないのではないでしょうか。

「弱み」は人間の生存戦略上なくてはならない

「合理性を欠く」という性質

しばしば、「自分の脳をもっと良くするにはどうすればよいですか？」という質問を受けることがあります。

ですが私は、この考え方はいかがなものかといつも感じていました。

人間にとっては、一見すると「弱み」に見える資質が、逆説的に生存戦略上はメリットとして機能してきたからです。

たとえば「合理性を欠く」という性質。これは一般的には無批判に「劣った性質」であり、人間の脳の機能的な「弱み」であるとみなされています。

合理的に考え、論理的な思考を持つ者こそ、知能が高く、人間社会のヒエラルキーにおいて上位に立つべき者である、という考え方が現代社会においては支配的です。

しかし本来は、この「弱み」が現代まで引き続いている理由があるはずで、だからこそ人間はここまで生き延びてくることができた、と考えるのが自然ではないでしょうか。

しょうか。

実際、「合理性を欠く」という「弱み」から得ているメリットも、人間には多くあります。そもそも、人類の歴史が「弱み」を活かしてきた工夫の連続だとも言えるのではないでしょうか。

人類の起源はアフリカと考えられています。豊かで気候の良い土地であり、生存にも生殖にも有利であったはず。条件の良い場所は個体数が増えればそれだけで競争が激化します。いつしかこの土地で生き延びること自体がレッドオーシャン（競争の激しい市場）化したのか、「負け組」たちはこの地を去りました。

他種の生物を殺してつくった衣服をまとい、同種の人類のあいだでも資源を奪い合うようになりました。そうしなければ生きていけないような、寒冷で厳しい環境へ移動、拡散を続けていったのです。

こんな選択をしたのは、なぜでしょうか？　もちろん競争に勝てないほど弱かったから、負け組だったから、というシンプルな理由づけもできるでしょう。しかしここで、人間が合理性に基づかない判断をしたからだ、と考えてみることもできます。

人間には、ほかの霊長類たちと比べると、新しい環境のほうを選好する「新奇探索性」を強く持っている人たちがいます。このために、なまやさしい環境には満足できず、あえて厳しい環境へ、ドーパミンの刺激を求めて飛び込んでいかずにはいられない、というのです。そういう意味では、人間というのはなんとも業の深い生物だとも言えます。

もしもこれが、現在のディープラーニングとビッグデータの集積のような〝ＡＩ〟でなく、理想的な汎用人工知能のように合理的な判断だけを選好する存在だったとしたら、過去のデータの中でも特に確実なものをベースに、合理的に考えるのではないでしょうか。

生存の確度が低いので北に移動することは避けるだとか、あるいは、現状よりは子孫を残すことに適さない環境であることが想定されるので移動は中止、などと判断するでしょう。

この「新奇探索性」は、「合理性」とはしばしば衝突する人間の「弱み」のひとつです。「わかっちゃいるけどやめられない」という昔の流行語が、わかりやすいフレーズでしょうか。やめられない何らかの楽しみであることもあり、人が道ならぬ恋に走る元凶でもあり、いわゆる「背徳的」な行動を増長する仕組みです。これを人間が自力でコントロールするのはきわめて難しいことです。

仏教の言い回しを借りれば、コントロールしきろうとする行為は「灰身滅智《けしんめっち》」と言います。欲望の種を滅することは自らの身を灰にまで焼き滅するようなものだというのです。

東洋思想の見方の一面からは、これがまさに自殺行為と言ってもよいものととらえられているのは面白いことです（実際、生殖を止める行為でもあるから、生物種としてはゆるやかに滅亡の道をたどることになります）。

重要な機能でありながらバグのようでもあるこの「弱み」を、外部から適度なゆるやかさでコントロールすべく当てたパッチ（プログラムを修正するデータ）が、社会道徳であったり、宗教的倫理観であったりします。そう考えると、人間をめぐるさまざまな現象のつじつまが合います。

「ひらめき」ではAIに勝てない

さて昨今、ＡＩは人間と競合する、といった文脈で語られることが多くあります。圧倒的な速さで進歩を遂げていくＡＩに負けてしまうかもしれないという恐怖感からか、人間は自らの「強み」を探すことに躍起になっているように見えます。

「ひらめき」は論理の積み重ねにより得られるのか否か、という問題があり、人々は「ひらめき」は人間の「強み」であり、最後の砦のように持てはやします。しかし、私はこの考え方にはあまり賛成できません。

たしかに、ごく少ない過去の事例やデータから、解決策を「ひらめく」ことができるのは、人間の「強み」と言えるかもしれません。現時点では、という条件つきにはなるでしょうが。

さらに言えば本質的に、この「強み」には限界があります。どんなに「ひらめいた」と思っても、だいたい誰かしらは、同じようなことを考えています。研究者はそれを特によく知っているはず。すごい「ひらめき」だと思っても、世界の中では５人くらいは同じようなことをひらめいているし、すでに誰かが同じことを始めていて、進めている可能性すらあるのです。

ひらめいた瞬間は楽しいし、興奮もあるでしょう。しかしその「ひらめき」が社会で評価されるかどうかというのは別の問題。ＡＩに負けるかもしれない、という不安のあまり、「ひらめき」の楽しさと、その実効性を混同するという単純なトリックに、人間は引っかかりやすくなっています。これが今、多くの人が陥っている状態かもしれません。

囲碁で人間がＡＩに敗退する

数年前に、囲碁棋士の李世乭《イセドル》と、コンピュータ囲碁プログラムのAlphaGoとの対戦がありました。第３局まではAlphaGoが勝利を収めました。しかし第４局でAlphaGoは、難局を回避するため、人間の棋士ならば常識的には打たない奇妙な手を打ったのです。勝機を見いだした李世乭は、AlphaGoに打ち勝ちました。

人間とＡＩの差がいちばん出るところがこのような局面でしょう。人間の場合は、これまでのデータを超える絶妙の一手をひねり出したり、逆に不利を認めて投了したりします。しかし、ＡＩはそうではありません。目先の難局を避けるためにごく短期的な予測に基づいて奇妙な手を打ってしまうことがあるのです。結局、そこから総崩れになって負けていくパターンになるといいます。

AlphaGo以外にも、別のＡＩがやはり奇妙な手を打ち、自滅するという現象が起こりました。開発者にとっては、ＡＩがこのような部分を克服できるのかどうかというのが課題となるのかもしれません。

ただし、AlphaGoが使っているディープラーニングの手法は、過去と比べるとだいぶ人間に近づいているとも言われます。奇妙な手を打ったというのは、データの蓄積が足りず不確実な選択肢の中から無理やり答えを出したからと考える技術者もいます。

とすれば、これからデータは蓄積されていく一方ですから、ＡＩは正確な答えをより速く、確実性を増して出せるようになってくるでしょう。過去のデータが十分にある状態なら、ＡＩは圧倒的な威力を発揮します。人間の「ひらめき」なぞ、簡単に凌駕《りょうが》してしまいます。

しかしすでに、人間とＡＩが競合する、という軸で語るのがそう妥当ではないということを多くの人が感じ始めているのではないでしょうか。むしろ、ＡＩの力を借りながら、互いの「強み」と「弱み」を知り、協調して発展しよう、という建設的な議論を始めるべきときだということを人々が感じつつもどうしてよいのかわからない、という状態ではないかと思われます。

新しく、未知の要素も多く、それでいてわれわれに近い機能を持つ存在は、不安の強いわれわれ人類にとっては、恐怖感を煽られてしまう相手かもしれません。が、本来、人工知能は、われわれの生活をあらゆる面で豊かにするために開発されてきた存在のはずです。

脳の進化の歴史をたどれば、人間は合理的に考えることのできる知性を発達させることで繁栄もしてきましたが、その合理性を適度に抑えることで——つまり、適度に鈍感であり、忘れっぽく、愚かであり続けることによって——集団として協調行動をとることが可能になりました。

それが、今日まで人類が発展を続けることができた大きな要素だったのではないかと考えることができます。果たして、合理性だけが発達した人間は、どのように扱われるのでしょうか？　彼らは、異質なものとして人間社会からは排除されてしまうのです。

ただ、その人間がつくり出した合理性の塊が人工知能だとすれば、これは人間の不合理性とは補完的に働き、強力なパートナーシップを築くことも可能性としては十分にあり得ます。ＡＩとの勝負、などと煽るつまらないビジネスをしている場合ではなく、このディレクション（使い方）ができるかどうかこそが人類の課題と言えるでしょう。

やらせを告白した心理学者

ところで、しばしば優れた芸術作品や宗教性の高い言説は、人間の不合理という特質に働きかけてきて、物理的には決して完璧ではなく、有限の時間しか生きることができないわれわれに、永遠を感じさせてくれたり、瞬きするほどのあいだに過ぎ去っていってしまう刹那を体感させてくれたりすることがあります。

そうすることでわれわれが「今、ここにいること」を強く意識することができ、生き延びようとする意志に力を与えてくれるという良薬のような役割を持つことがあります。これは、合理的な選択を選好するＡＩには向いていない、人類のサポートの方法かもしれません。

面白いことに、人間では、理性的に先の展開を予測すればするほど（こうした個体は経済的に有利になりやすいということがわかっているにもかかわらず）、悲観的な未来を詳細に想像して準備する力が高いために、現在をネガティブにとらえる傾向が高いのです。

この現象は思春期からすでに見られ、こうした知覚の鋭い成績優秀者では、ほかの生徒と比べて悲観的な傾向が強いと考えられています。だからこそ勤勉になり、結果を出すことが可能なのだとも言えますが、本人の内観を想像すれば、ネガティブな未来からのリアルな脅迫を感じながら毎日をすごさなければならないのは、かなりの苦行でしょう。時には自殺を選ぶ個体もあります。

心理学者のジンバルドーは、自身が強い未来志向型（悲観的な）であり、現在を楽しむことができていないということに気づき、同僚に依頼して催眠法を試したといいます。意識も何もかも未来ではなく現在に向けることを意図しての催眠だったというのですが、彼自身はこれが功を奏したと述べており、自分の周囲の匂いや、壁に掛けてある絵の素晴らしい色使いに気づくことができるようになったというのです。

つい最近、自分の仕掛けた実験がやらせであることを告白してジンバルドーは悪名を世に広めてしまいましたが、心理学者として何ごとかをなさなければならないという不安が強すぎたためにこのような行動に出たのでしょうか？　むしろ、その内観をこそ分析してもっと詳細に報告してほしかったような気もします。

日本人は「不安」を力に変える

話を戻します。宗教性の高い言説（特定のものに偏るべきではないと個人的には考えていますが）には、この催眠法と似たような効果があるのかもしれず、自分の今いる日常とは違う時間の流れを知覚させてくれます。

特に時空いずれの軸で考えても日常と比較すれば桁外れに大きな範囲におけるエピソードがちりばめられ、読み込むほどに時間と空間の広がりを感じさせる側面があります。現代でこれを肩代わりする機能を持つのは科学（天文学）とコンセプチュアルアート（概念芸術）くらいなものでしょう。

人によっては、あるいは状態によっては、その世界観に触れることで人生そのものが変わってしまうようなこともあります。

宗教性が人間にもたらす知覚体験は、それなしでは生き残ってこられなかった「ネガティブな未来に対する不安」から私たちを絶妙な精度で解放し、遠い未来や手の届かない過去を認識させることによって逆説的に、〝今〟と〝ここ〟に私たちの目を向けさせ、生きる力を与えてくれるものだということができます。

これは観念の遊戯というよりも、もっと実際的に活かされるべき知見と言えます。長期的な視座に立ち、「ネガティブな未来を感じる力」こそが、あらゆる不測の事態に対する準備を私たちにさせて、より生き延びる確度を上げる能力と同じものだということを、多くの人は感覚的に知っているでしょう。

すでに述べているように、不安傾向の高い人のほうが長命を維持する割合が高く、健康でいられるという研究結果も知られています。

苦痛を忘れて芸術の快楽や知の遊戯に溺れるなどということではなく、不安によるストレスを和らげつつも鋭く未来を見据える力を一定の水準に保ち、冷静に力強く対処する――その工夫のためのツールとして活用できるものを積極的に思考の中に取り入れることが、「弱み」を、生き延びる強さに変える生き方を構築する助けになります。

おわりに

愛、親子の情、師弟の恩、仲間同士の連帯意識、感動、自己犠牲、忠誠心、誇り、絆……そういったものをふわっと感じさせるだけで、なぜ世の中の大部分の人は押し黙り、納得して、大人しくされるがままになってしまうのでしょう？　ずっと疑問に思っていました。

まるで知能のスイッチが切られでもしたかのように思考停止して、そのあとはもう話になりません。ふわっとした何かに当てられて酔っぱらったようになってしまっている人に、ちょっと酔いを醒《さ》まして冷静に話をしましょうよ、と呼びかけるだけで、相手はたいてい怒りはじめるのです。自分の立場や、時には命が危うくなるような場面ですら、酔ったままでいることを選ぶように見えます。

そんなに快感なの？　「それ」は？

知能のスイッチが「それ」によって切られ、思考停止すると、攻撃や抵抗をやめてしまったり、さらには自分の命を絶ってしまったりすることさえ少なくありません。

もっと不思議なのは、その行動を「美しい」と言って、多くの人が称賛することでした。

現実に起きる出来事ばかりでなく、小説や映画やマンガや、さまざまな媒体でそれが推し進められているように見えました。ひどく奇妙に感じられたのです。そして、奇妙に感じている自分を悟られてはならない、隠さなければいけないと全身の毛が逆立つような恐ろしい思いもしました。

ただただ「集団」というものの振る舞いが知性を持った生き物のようには思えず、原理が理解できなくて不可思議なもののように感じられたし、なぜ私にはこの情況がわからないのだろうと焦るような気持ちがありました。

まあ、今にして思えば、周囲の人間には私が異質なことくらいとうにお見通しで、きっと、私のほうこそがずっと奇妙で、不気味な存在だと思われていたに違いないのですけれど。

ともあれ私は「それ」を理解できず、苦しみました。まったく論理的ではない原理に基づいて、世界中のあらゆる場所で、みんなが完全に無自覚に行動している。分析的に観察することすら白い目で見られ、許されない。みんなが尊ぶ「それ」に、自身が異質であることだけで苦しめられる。

理不尽だと思いました。なぜ自分だけが、こんなふうに生まれついてしまったのでしょう。

誰にも言うことができず、さりとて涙も出なかったのです。誰かに言ったとしてもほぼ確実に理解されず、頭がおかしいかまたは危ないやつだと思われて、ひどい目に遭《あ》わされるに決まっていました。「それ」を理解できない者は、排除されてしまいます。こいつは人間じゃない、何か別の危険な存在だ、などと言われることになるのはわかっていたのです。

成績が良いことはまったく救いにならず、勉強だけができてしまったりしたら、なおさら、集団からは遠ざけられるのです。ただ、遠いということは、攻撃を受けにくいということとイコールであり、それ以上の排除も起こらないということを意味し、実はセキュリティとしては好条件ではあるのですが。

観察していると、理解できないよりもむしろ、集団の中にいながら「それ」をうまく運用できない者のほうがよりキツそうでした。攻撃され、排除されていきます。

疑問がふくらんできました。なぜ大多数の人間はオートマチックに「それ」を運用できるのか？　見えてすらいないようなのに？　なぜ「それ」を理解できないだけで苦しまなければならないのか？

私は、諦めることにしました。

誤解しないでほしいのですが、生きることを放棄したわけではありません。

羨《うらや》んだり焦ったり無駄な努力をしたりするのをやめただけです。今ある手持ちのカードで勝負しようと、私は腹を括りました。自分を変えようとするのには無理があると悟ったのです。見えているものを見えないと言い張るのにも限度がありますし、恨み言を言っても始まりません。持っているもので戦う以外に仕方がないのです。

どうもここは、「『それ』法則」に支配された生き物の世界であるということはわかりました。それは多分どう足掻《あが》いても、直ちに変わることはないようでしたから。

私は望むと望まざるとにかかわらず、この世界にすでに生まれてしまって、何十年かをこの条件ですごすことを運命づけられ、リセットも基本的には許されず、ゲームを続けなければならないのです。

ならば、このゲームにおいて勝つこととは何なのでしょうか？

まずは「それ」の概要と仕組みを把握する必要があるだろうと思いました。ルールを把握するのはゲーム攻略の大原則でしょう。時間はかかりましたが、ようやく私にも、こういうことなのか、と概要は理解できるようになってきました。

私は、多少粗っぽくはありましたが、それなりの達成度が得られたと思っています。ある程度の内容はすでに小出しにしながらこれまでに刊行した書籍にもチラチラと書いてはいますので、もし参考にしたい方がいらっしゃれば読んでみていただけたらと思います。

私がいちばん困ったのは、目の前の相手の思考のスイッチが切れてしまったときでした。もうその相手は知性でやり取りできる状態ではなくなってしまいます。今のところ、そうなったらもうできるだけその相手とはかかわらないようにしています。

私はかなり人を選ぶし気難しいと自認していますが（そんなことはない、と言う方もそれなりの数いてくださいますが、その方たちはほぼ確実に『それ』に酔わないタイプの人たちです）、この方法の良いところは、知性と思考の体力のある人だけが周囲に残ってくださるという点ですね。

ゲームのルールが把握できたら、次はゴールの設定です。このゲームでは、いつタイムアップになり、終わってしまうのかはっきりせず、あらかじめわかりもしないという特徴があります。１００年続く人もいればごく短い人もいます。ただ有限の時間しかない、というところだけはみな同じなのです。どう生きても、いずれ誰もが平等に時間切れになり、ゲームオーバーとなります。

その中で、何をどうすればクリアなのか？

金持ちになること？　有名になること？　それとも何か作品を創り上げる？　ちょっと古臭い感じもするけど家名を上げるとか？　モテること？　良い相手と結婚？　学術的なアチーブメント？　人気者になること？　歴史に名を残す？

どれも、一見それなりに価値はありそうな気もしなくはありません。実際に多くの人がそうなるにはどうすればいいのかという答えを求めて、手当たり次第にセミナーに出てみたり本を買ってみたり情報商材に手を出したり宗教にハマったり、ですが……こうして言葉にしてみると、何だか陳腐《ちんぷ》に見えてきませんか？　歴史上の人物がそんなことにうつつを抜かしているのを見ると、何だかガッカリするのでは？

少なくとも私は、どれにも情熱を傾けられそうにありませんでした。

これにはしばらくのあいだ、困惑しました。よくよく考えてみると、人生の目的というのは一体何なのか、よくわからなくなってきます。考えれば考えるほど解が定まりません。

こうした自己利益の最大化を目指すのでなく、利他的に生きればもっと幸せになるんだよという言説ももちろん、知らないわけではありません。むしろよく知っているくらいです。

ですがたいていの場合それを声高に言う人は、それこそ自己利益の最大化を目指していたり、搾取を目的とした詭弁《きべん》を弄《ろう》しているのであって、善良で利他性の高い人物であればあるほど、さんざんな目に遭うのを見ることも多く、単純に利他性だけを軸に生きろと誰かに勧めることは私には到底できませんでした。

利他性はバランスと器用さとを備えていなければ、自己を本当に幸せにするための確実な武器とはなりにくいのです。なぜなら利他性とは「それ」のために自己犠牲を強いる脳内の装置であるからです。

私は、さんざん考えた末に、その瞬間をどれだけ充実して楽しむことができたか、に主眼を置くことにしました。私にとって最高の楽しみは、学ぶことですから、最期の瞬間まで学び続けることができれば、最初はキツかったけれど、この生も案外と悪くなかったな、と思えるのではないかと考えたのです。これもそのうち変わることがあるかもしれません。

ところで、私以外の人は本当に親切ですね。私のように人の拠《よ》って立つ基盤を冷たく分解しようとしたりしないですし、多くの酔った状態の相手とやり取りしても、素晴らしくうまくやっているように見え、常々驚嘆させられてしまいます。びっくりするほど器用であるようにも見えますし、そういったスキルをほぼ天然に持っている人を見ると、仰ぎ見るような思いがしてしまいます。

その自分の気持ちを分析していてまた思ったことがありました。理解するよりもむしろ、対処する方法が身につきさえすれば、9割以上の人にとってはそれでいいのではないのか。世界中の70億以上いる人々のうち、1000人も読まないような論文を一報書くより、それらの蓄積を生きた知識として一般に伝えるほうが意義のある仕事のように思えたのです。論文を書く格調高いお仕事は、尊敬すべき偉い先生方が人生を賭してやってくださる。けれども求められている緊急性の高い仕事は、ほかにももっとあるはず、優劣をつけようとする行為自体、いかにもブザマに見えます。

読者のみなさんも一度は考えたことがあるでしょう。よくよく考えてみれば、人生の目的というのは一体何なのか、よくわからなくなってしまうのです。考えれば考えるほど、解が定まらないことに悩まされるでしょう。

これは、人生とはそもそも解が定まるものではない、ということではないでしょうか。

言い換えれば、解はどんなかたちであろうと正解であり得る、ということにもなるでしょうか。

どんなふうに生きようが、時を巻き戻して選びなおすことは誰にもできません。あなたの選んだその答えが正解となるよう、あなたが決めていくしかないということだと思います。人生という不条理なゲームをゲームオーバーまでどう戦い、どうクリアするのか。本書があなたのゲーム攻略の一助となれば幸いです。

２０２０年　冬

中野信子

中野信子

1975年、東京都生まれ。脳科学者、医学博士、認知科学者。東京大学工学部応用化学科卒業。同大学院医学系研究科脳神経医学専攻博士課程修了。フランス国立研究所ニューロスピン(高磁場MRI研究センター)に勤務後、帰国。脳や心理学をテーマに、人間社会に生じる事象を科学の視点をとおして明快に解説し、多くの支持を得ている。現在、東日本国際大学教授。著書に『サイコパス』(文春新書)、『キレる! 脳科学から見た「メカニズム」「対処法」「活用術」』(小学館新書)、『悪の脳科学』(集英社新書)ほか。テレビ番組のコメンテーターとしても活躍中。

講談社+α《プラスアルファ》新書 823-1 C

空《くう》気《き》を読《よ》む脳《のう》

中《なか》野《の》信《のぶ》子《こ》 ©Nobuko Nakano 2020

2020年2月19日第1刷発行
2020年7月 3 日第6刷発行

発行者―――― 渡瀬昌彦
発行所―――― 株式会社 講談社
東京都文京区音羽2-12-21 〒112-8001
電話 編集(03)5395-3522
販売(03)5395-4415
業務(03)5395-3615

写真―――― 大坪尚人
ヘアメイク―――― ELLI(AIR NOTES)
デザイン―――― 鈴木成一デザイン室
カバー印刷―――― 共同印刷株式会社
印刷―――― 株式会社新藤慶昌堂
製本―――― 牧製本印刷株式会社
本文図版―――― 朝日メディアインターナショナル株式会社

定価はカバーに表示してあります。

落丁本・乱丁本は購入書店名を明記のうえ、小社業務あてにお送りください。

送料は小社負担にてお取り替えします。

なお、この本の内容についてのお問い合わせは第一事業局企画部「+α新書」あてにお願いいたします。

Printed in Japan
ISBN978-4-06-511824-5

講談社+α新書

書名	著者	内容	価格	番号
定年破産絶対回避マニュアル	加谷珪一	人生100年時代を楽しむには？ ちょっとのお金と、制度を正しく知れば、不安がなくなる！	860円	813-1 C
日本への警告 米中ロ朝鮮半島の激変から人とお金が向かう先を見抜く	ジム・ロジャーズ	日本衰退の危機。私たちは世界をどう見る？ 新時代の知恵と教養が身につく大投資家の新刊	900円	815-1 C
起業するより会社は買いなさい サラリーマン・中小企業のためのミニM&Aのススメ	高橋聡	定年間近な人、副業を検討中の人に「会社を買う」という選択肢を提案。小規模M&Aの魅力	840円	816-1 C
「平成日本サッカー」秘史 熱狂と歓喜はこうして生まれた	小倉純二	Jリーグ発足、W杯日韓共催――その舞台裏にもまた「負けられない戦い」に挑んだ男達がいた	920円	817-1 C
メンタルが強い人がやめた13の習慣	エイミー・モーリン 長澤あかね 訳	一番悪い習慣が、あなたの価値を決めている！ 最強の自分になるための新しい心の鍛え方	900円	818-1 A
メンタルが強い子どもに育てる13の習慣	エイミー・モーリン 長澤あかね 訳	子どもをダメにする悪い習慣を捨てれば、〝自分を律し、前向きに考えられる子〟が育つ！	950円	818-2 A
人間関係が楽になる 神経の仕組み 脳幹リセットワーク	藤本靖	わりばしをくわえる、ティッシュを噛むなど、たったこれだけで芯からゆるむボディワーク	900円	819-1 B
もの忘れをこれ以上増やしたくない人が読む本 脳のゴミをためない習慣	松原英多	今一番読まれている脳活性化の本の著者が、「すぐできて続く」脳の老化予防習慣を伝授！	900円	820-1 B
全身美容外科医 道なき先にカネはある	高須克弥	「整形大国ニッポン」を逆張りといかがわしさで築き上げた男が成功哲学をすべて明かした！	880円	821-1 A
世界のスパイから喰いモノにされる日本 MI6、CIAの厳秘インテリジェンス	山田敏弘	世界100人のスパイに取材した著者だから書ける日本を襲うサイバー嫌がらせの恐るべき脅威！	880円	822-1 C
空気を読む脳	中野信子	日本人の「空気」を読む力を脳科学から読み解く。職場や学校での生きづらさが「強み」になる	860円	823-1 C

表示価格はすべて本体価格（税別）です。本体価格は変更することがあります